ANDREA WENK
Die Welt braucht keine Superheldin

ANDREA WENK

DIE WELT BRAUCHT KEINE SUPERHELDIN

WIE ICH LERNTE,
MEINE GRENZEN ZU LIEBEN

Soweit nicht anders angegeben, sind die Bibelverse folgender Ausgabe entnommen: Hoffnung für alle®, Copyright © 1983, 1996, 2002 by Biblica Inc.®. Verwendet mit freundlicher Genehmigung von 'fontis – Brunnen Basel. Alle weiteren Rechte weltweit vorbehalten.

Außerdem wurden verwendet:
Lutherbibel, revidiert 2017, © 2016 Deutsche Bibelgesellschaft, Stuttgart. (LUT)
Bibeltext der Schlachter. Copyright © 2000 Genfer Bibelgesellschaft. Wiedergegeben mit freundlicher Genehmigung. Alle Rechte vorbehalten. (SCH)

Bibliografische Information der Deutschen Nationalbibliothek:
Die Deutsche Nationalbibliothek verzeichnet diese Publikation in der Deutschen Nationalbibliografie; detaillierte bibliografische Daten sind im Internet über http://dnb.d-nb.de abrufbar.

© 2018 Neukirchener Verlagsgesellschaft mbH, Neukirchen-Vluyn
Alle Rechte vorbehalten
Umschlaggestaltung: Grafikbüro Sonnhüter, www.sonnhueter.com,
unter Verwendung eines Bildes von © elena_l, Bonezboyz (shutterstock.com)
Alle Fotos © Andrea Wenk,
außer Foto S. 78: Photo by Michael Quinn on Unsplash
Lektorat: Nadine Weihe, Hille
DTP: Breklumer Print-Service, www.breklumer-print-service.com
Verwendete Schriften: Scala, Scala Sans, HelloLucky Ink
Gesamtherstellung: Finidr, s.r.o.
Printed in Czech Republic
ISBN 978-3-7615-6530-8 (Print)
ISBN 978-3-7615-6531-5 (E-Book)
ISBN 978-3-7615-6574-2 (Hörbuch)

www.neukirchener-verlage.de

*Für Hanny, die mich immer wieder ermutigt,
barmherzig mit meinen Grenzen umzugehen.*

Inhalt

1. Eine Geburtstagskarte, die einiges ins Rollen brachte 9
2. Das Leben ist (k)ein Ponyhof 16
3. Die Welt liegt mir zu Füßen 25
4. „No Problem, Madam!" 35
5. Gott spricht durch einen Fliesenboden 44
6. „Friends forever" – umarmen und loslassen 51
7. Mein Traumprinz – ein Pfarrerssohn? 60
8. Nähe leben und Raum lassen 67
9. Riverrafting-Boot versus Ruderboot 77
10. Der Dschungeltrip – Holt mich hier raus! 86
11. Im Land des Lächelns 96
12. Irgendwo im Nirgendwo 104
13. Vom Glücksrausch zum Babyblues 111
14. Mein Versuch, mit zu vielen Bällen zu jonglieren 119
15. „Bitte nachmachen!" – Übers Vorbildsein 128
16. Wenn aus Zumutung Mut wird 136

17. Wenn der Alltag zum Abenteuer wird   144

18. Im Karussell meiner Gefühle   155

19. Jesus, meine Wirklichkeit   163

20. Die Fäden meines Lebens   172

21. Pinterest & Co.   179

22. Superheldin – Die Kraft, die ich brauche   188

23. Der weite Horizont und die Enge in meiner Brust   196

24. Wenn Hunger nicht das Problem ist   203

25. Aufbruch in den Umbruch   211

26. Tanzend an meinen Grenzen entlang   219

Danke   227

Anmerkungen   230

1. Eine Geburtstagskarte, die einiges ins Rollen brachte

„Gott schafft deinen Grenzen Frieden."
Psalm 147,14 (LUT)

„Gott schafft deinen Grenzen Frieden" stand auf der Geburtstagskarte, die ich im Frühling 2016 in den Händen hielt. Absender der Karte war Marianne, die damals 92-jährige Großmutter meines Mannes. Die gedruckten Worte flossen direkt in mein Herz. Sie sprangen wie ein Funke über und begannen in mir hoffnungsvoll zu flackern! Zwei Worte, die zu meinem Lebensthema gehören, fand ich hier vereint in einer Botschaft der Ermutigung und der Hoffnung: „Grenzen", ein Wort, das ich oft mit Einengung und Unvermögen in Verbindung brachte, und „Frieden", den ich mir in meinem Leben ersehnte und immer wieder neu suchte.

Genau ein Jahr zuvor erhielt ich zu meinem Geburtstag ein Geschenk, das eine komplett andere Wirkung auf mich hatte und mich innerlich an eine nicht ganz so friedliche Grenze katapultierte. Unsere Nachbarin Judith, eine leidenschaftliche Gleitschirmpilotin, schenkte mir einen Gutschein, um mit ihr zusammen einen Tandemflug zu absolvieren. Auf dem Gutschein vermerkte sie, dass er bis zu meinem fünfzigsten Geburtstag gültig sei. Ich musste schlucken und dachte: „Das schaff ich bis fünfzig nicht! Dazu kann ich mich niemals überwinden!"

Ich lebe in einem sehr touristischen Ort im Berner Oberland in der Schweiz, und deshalb ist es nichts Außergewöhnliches, wenn es in den Lüften über unserer Region nur so wimmelt von gleitschirmfreudigen Touristen. Sie gehören bei uns zum Dorfbild so wie die Spatzen zum Garten und die Krähen zu den Bäumen. Da die meisten Gleitschirmpiloten mitten im Dorf auf einer großen Wiese landen, hören wir auch ständig die freudigen Jauchzer oder aufgeregten Schreie der Flugnovizen, wenn sie sich im Spiralflug dem Landeplatz nähern.

Für mich war immer klar: Niemals würde ich mich an einen solchen Schirm hängen und durch die Lüfte kreisen! Der Gedanke daran, hilflos ein paar Hundert Meter über dem Boden zu schweben und dem Können des Piloten ausgeliefert zu sein, ließ mich innerlich erschaudern. Und plötzlich hielt ich diesen Gutschein in den Händen und musste einen inneren Kampf ausfechten. Sollte ich? Sollte ich nicht? Wenn ich es jemals wagen sollte, dann ganz bestimmt nur mit Judith, da ich ihr voll und ganz vertraue.

Obwohl ich immer mehr zu der Überzeugung kam, den Flug wagen zu können, gelang es mir irgendwie nicht, den letzten Entscheidungsschritt zu tun. Schlussendlich verhalf mir Judiths Mann mit einem gut gemeinten Angebot dazu, meinen Gutschein einzulösen. An einem schönen Frühlingstag begegnete ich ihm im Garten. Er meinte ganz unverhofft, dass er Zeit habe, auf unsere Kinder aufzupassen, und seine Frau bereit sei für den gemeinsamen Gleitschirmflug. „Jetzt oder nie!", dachte ich und wagte den Schritt ins Ungewisse.

Als ich dann oben am Berg stand und wusste, dass ich bald mit der Pilotin zusammen die Wiese runterrennen musste, bis wir keinen Boden mehr unter den Füßen spürten, hätte ich am liebsten kehrtgemacht. Stattdessen befand ich mich eine Minute später in der Luft und fühlte, wie sich ein Vogel fühlen muss. Es war ein schwereloses und doch mächtiges Gefühl; eine Sensation, andächtig und völlig geräuschlos zu schweben. Unten im Tal pulsierte das Leben, der Verkehr, aber hier oben, zwischen Himmel und Erde, herrschte Ruhe und absolut keine Hektik. Die kompetente Stimme meiner Nachbarin, die mir einiges bezüglich Thermik erklärte, verlieh mir Sicherheit und half mir, mich auf die geniale Aussicht zu konzentrieren.

Der Flug dauerte nur fünfzehn Minuten, und in den letzten Minuten wurde mir latent übel. So war ich nach geglückter Landung erleichtert, wieder festen Boden unter den Füßen zu haben!

Dieses unvergessliche Erlebnis wurde zum treffenden Beispiel für die Tatsache, dass ich in meinem Leben immer wieder an Grenzen stoße. Dann bin ich herausgefordert, mich zu entscheiden, wie ich mit diesen Grenzen umgehe: Kann ich sie überwinden, stoße ich mich an ihnen wund oder akzeptiere ich sie und versöhne mich mit ihnen?

Mit dem Gleitschirmflug war es mir gelungen, eine für mich persönliche Grenze (Angst vor einem Tandemflug) „zu überfliegen" – mit dem Resultat, mich nach der Landung um eine Erfahrung reicher und ein Stück mutiger zu fühlen!

In einer Welt, in der einem die Gesellschaft gerne glauben macht, dass es keine Grenzen gibt und man alles erreichen kann, wenn man es nur fest genug will, ist es sehr unattraktiv, über Grenzen zu schreiben. „Grenzen sind da, damit man sie überwinden kann! Setz dir ein Ziel und erarbeite eine Methode, um das Hindernis zu entfernen, denn uns halten nur die Grenzen, die wir uns selber setzen!" Oder: „Grenzen gibt es nur in deinem Kopf"! Das sind einige Mottos unserer Zeit, die Antreiber zur Selbstoptimierung. Aber: Meine Realität und die vieler Menschen um mich herum ist eine ganz andere. Das Leben, die Umstände, unsere Erfahrungen und persönlichen Schlussfolgerungen formen unser Leben und bestimmen, wie weit oder wie eng wir unsere Grenzen setzen oder wie sie uns gesetzt werden. Manchmal gelingt es einfach nicht, sie mit noch so gut gemeinten und motivierenden Ratschlägen zu bagatellisieren oder wegzureden.

Kann ich meine Grenzen überwinden, stoße ich mich an ihnen wund oder akzeptiere ich sie und versöhne mich mit ihnen?

Was sind eigentlich „Grenzen"? *„Eine Grenze ist der Rand eines Raumes und damit ein Trennwert, eine Trennlinie oder eine Trennfläche."* So definiert Wikipedia das Wort „Grenze". Es ist die Trennung von mein und dein oder von hier und dort, das Ende des einen und der Anfang des anderen. Länder brauchen ihre Grenzen, sie werden dadurch definiert und heben sich dadurch vom Nachbarland ab. So beschreibt es auch der Vers auf der Geburtstagskarte; er steht in einem Kontext, der mit dem Volk Israel und mit ihren Landesgrenzen zu tun hat. David schrieb im Psalm 147,11–14 (LUT):

„Der Herr hat Gefallen an denen, die ihn fürchten, die auf seine Güte hoffen. Preise, Jerusalem, den Herrn; lobe, Zion, deinen Gott! Denn er macht fest die Riegel deiner Tore und segnet deine Kinder in deiner Mitte. Er schafft deinen Grenzen Frieden und sättigt dich mit dem besten Weizen."

Als ich mich näher mit dem Text befasste, war ich erst enttäuscht, denn es ging ja überhaupt nicht um meine persönlichen Grenzen! Nach und nach entfalteten sich diese paar Verse jedoch zu einer Metapher für mein Leben und ich konnte viele wertvolle Parallelen ziehen. Ich stellte mir vor, wie Gott sein Volk segnete, weil es ihm vertraute und in Ehrfurcht vor ihm lebte. Die Konsequenzen seines Segens waren sichere Stadttore und ein Ort, an dem die Kinder ohne Gefahr aufwachsen konnten. Gott sorgte für Frieden an den Landesgrenzen und für eine ertragreiche Ernte, sodass kein Hunger herrschte. Israel konnte ungestört leben und sein Land bebauen. Da Gott für Frieden sorgte, musste es nicht ständig Energie verschleißen, um gegen seine Nachbarn zu kämpfen. Eine richtige Bilderbuchidylle wird in diesen wenigen Sätzen beschrieben! Wer möchte nicht in einer solchen Stadt, einem solchen Land leben? Dort war Luft zum Atmen und Raum, sich zu entfalten und zu wachsen.

Dabei lebte das Volk Gottes keineswegs ständig in Frieden. Die Israeliten wurden jahrhundertelang von den Ägyptern versklavt. Als Gott sie durch Mose schlussendlich in die Freiheit führte, war noch lange kein Frieden in Sicht. Sie mussten vierzig Jahre warten, um ins verheißene Land einziehen zu können, weil sie eine Grenze überschritten hatten und Gott nicht gehorsam waren. In dieser Zeit wurden sie immer wieder von ihren Feinden angegriffen, denn sobald sie meinten, selber alles im Griff zu haben, und sich von Gott abwandten, zog Gott seine schützende Hand von ihnen zurück. Das war auch später so, als sie als Volk Israel schon in ihrem Land lebten; Gott schenkte Sicherheit und Frieden, wenn sie seine Gesetze achteten und sich innerhalb der Grenzen seiner Gebote bewegten. Gott bot ihnen damit einen sicheren Rahmen, der sie schützen sollte. Diese Abgrenzung machte das Volk zu seinem Volk, das sich durch seinen Glauben und seine Lebensweise ganz klar von anderen Völkern unterschied – es wurde dadurch einzigartig, erhielt eine Identität und einen Auftrag.

Friedvolle Grenzen – ein Versprechen Gottes, das auch für mich gilt! Gott hält auch für mich diese Sicherheit bereit und zeigt mir einen Weg, der zu mir und meiner Persönlichkeit passt.

Es geht um die heilsame Erkenntnis und versöhnende Wahrheit, dass ich keine Superheldin sein muss. Ich darf sein, wie ich bin!

Dank des kurzen Geburtstagsgrußes meiner Schwiegergroßmutter kam bei mir ein innerlicher Prozess in Gang, der durch das Schreiben dieses Buches noch vertieft wurde. Ermutigt durch mein Gleitschirmerlebnis fing ich an, in Gedanken mein „Lebens-Land" – das heißt meine mir zur Verfügung stehenden Fähigkeiten, Gaben, Stärken, Schwächen und Möglichkeiten – auszukundschaften: die vertrauten Gebiete bis hin zu den Grenzen des Unbekannten, ja sogar über die Grenzen hinaus. Dabei bin ich ganz unterschiedlichen Grenzen begegnet, von denen auch in diesem Buch die Rede sein wird: Dazu gehören die Angst vor Veränderungen oder vor dem Unbekannten, die Zweifel, ob ich Herausforderungen, die mir das Leben stellt, gewachsen bin, oder das Konfrontiertwerden mit den eigenen Schwächen. Es geht um meine Versuche, aus eigener Kraft stark zu sein, ganz so wie eine Superheldin, die auf niemanden sonst angewiesen ist und mit ihren übermenschlichen Kräften sich selbst und die ganze Welt retten kann. Und schlussendlich um die heilsame Erkenntnis und versöhnende Wahrheit, dass *ich* keine Superheldin sein muss. Ich darf sein, wie ich bin, eben gerade mit meinen Ecken und Kanten, Stärken und Schwächen.

Ich lade dich ein, mich auf der Reise zu den (Un-)Möglichkeiten meines Lebens zu begleiten – auf dem Weg entlang meiner Grenzlinien, hinein ins Land meiner Möglichkeiten, bis hin zu meinen ganz persönlichen Grenzen, die ich je nach Situation störend, schmerzhaft oder schützend empfinde, aber immer im Vertrauen darauf, dass Gott meinen ganz persönlichen Grenzen Frieden schafft.

2. Das Leben ist (k)ein Ponyhof

„Weite Räume meinen Füßen,
Horizonte tun sich auf,
zwischen Wagemut und Ängsten
nimmt das Leben seinen Lauf."
Eugen Eckert[1]

Beim Thema „Grenzen" und wie wir damit umgehen, lohnt es sich, einen Blick zurück in die eigene Kindheit zu werfen. Ich möchte dich an meinem Rückblick ein wenig teilhaben lassen:

Als Kind wurde ich durch die Struktur meiner Familie und die äußeren Umstände geprägt. Unbewusst zog ich damals Schlussfolgerungen für mein Leben und eignete mir Strategien an, wie ich erfolgreich durchs Leben gehen könnte. In diesen ersten Jahren meines Lebens legte ich durch positive und negative Erfahrungen meine Möglichkeiten und Grenzen fest, das heißt meine innere Überzeugung, wozu ich fähig bin oder was ich eben nicht kann. Ich bin fest davon überzeugt, dass meine Kindheit mich prägte, wie eng oder wie weit ich meine eigenen Grenzen heute setze. Dazu gehören innere Werte, die mein Verhalten bestimmen, zum Beispiel wann etwas „gut" oder „schlecht" ist, aber auch die Einstellung, wie man mit Problemen und Herausforderungen umgeht. Wie viel Mut bekam ich mit, um „unbekanntes Land" zu erkunden? Wie entmutigt wurde ich durch gewisse Erfahrungen, sodass ich lieber in den engen Mauern meiner „Stadt" blieb? Natürlich spielte mein Charakter auch noch eine Rolle. Es gibt die extrovertierten, freiheitsliebenden Menschen, denen kein neues Abenteuer zu viel ist. Wie du im Verlauf dieses Buches feststellen wirst, gehöre ich nicht zu dieser Sorte Menschen, aber trotzdem erlebte ich so manches Abenteuer.

Wenn ich an meine Kindheit zurückdenke, dann gibt es für mich ein „Vorher" und ein „Nachher". Es gab die Zeit bis zur vierten Klasse und zum Übertritt in die weiterführende Schule, die ich als pure Freiheit erlebte. Überwiegend schöne Erinnerungen hege ich an diese Zeit. Ich wuchs in einem sehr kinderreichen Stadtviertel auf. Die schulfreien Nachmittage verbrachte ich spielend mit anderen Kindern draußen rund ums Haus: Räuber- und Gendarmenspiel, Verstecken, Tischtennis, Fahrradfahren, Rollenspiele und  Abenteuer erleben. Das Leben war in meinen ersten zehn Jahren ein echter Ponyhof. Ich fühlte mich geschätzt, fähig und voller Lebenslust. Dabei orientierte ich mich gerne nach außen, hin zu Freunden und Schulkameraden. Vertrauensvoll, wie ich war, konnte ich mir damals nicht vorstellen, dass es im Leben je etwas geben könnte, was mir nicht gelingen oder bei dem ich auf Widerstand stoßen würde. Ich war eine sehr gute Schülerin, hatte Freude am Unterricht und brachte immer Bestnoten im Zeugnis mit nach Hause. Kurz: Es lief alles wie „geschmiert"!

Als ich etwa zehn Jahre alt war, geschahen zwei einschneidende Dinge: Meine Eltern lernten Jesus kennen, entschieden sich für ein Leben mit ihm und wir besuchten von da an eine evangelische Gemeinde. Gleichzeitig wechselte ich in die weiterführende Schule. Ersteres veränderte mein Leben im Nachhinein betrachtet positiv, Zweiteres schleuderte mich in null Komma nichts in die „Nachher-Phase" meiner Kindheit.

Ich erinnere mich noch gut daran, wie ich während meiner ersten Jungschar-Pfingstfreizeit Jesus in mein Leben eingeladen hatte. Es war so selbstverständlich geschehen, wie nur Kinder glauben können. Von da an nahm ich immer meine Bibel in die Schule mit, zeigte sie meinen Freunden ganz stolz und erzählte ihnen von Jesus. Als ich dann in die weiterführende Schule und dementsprechend in ein anderes Schulgebäude wechselte, veränderten sich nicht nur der Schulstoff, die Lehrer und die Klassenkameraden. Von nun an wurde auch mein Glaube an Jesus anders bewertet. Während meiner restlichen fünf obligatorischen Schuljahre war ich der „Fisch". In den 1990er-Jahren war es als Christ damals Ehrensache, auf seinem Auto oder Fahrrad einen Fischaufkleber zu haben und sich somit gleich bei allen als Nachfolger von Jesus zu „outen". Auf der einen Seite trug ich dieses Zeichen mit Stolz, auf der anderen Seite machte es mich aber auch zur Außenseiterin. Das erste Mal in meinem Leben wurde ich mit Ablehnung konfrontiert und dem Gefühl, „nicht dazuzugehören". Ich wusste nicht recht, wie ich mit dieser Tatsache umgehen sollte.

So stieß ich an eine Grenze – eine Grenze, die Menschen ziehen, wenn sie sich eines Klischees oder eines Vorurteils bedienen. Sie sahen den „Fisch" an meinem Fahrrad und steckten mich gleich in eine Schublade mit den

> **Ich stieß an eine Grenze – eine Grenze, die Menschen ziehen, wenn sie sich eines Klischees oder eines Vorurteils bedienen.**

Vorurteilen „langweilige Spaßbremse" und „fromme Streberin". In dieser Schublade wurde es mir manchmal echt eng und ich hatte immer das Gefühl, dass mich die meisten meiner Klassenkameraden nie so wahrnahmen, wie ich wirklich war. Es gelang mir bis zum Ende der Schulzeit nicht, mich aus dieser Schublade zu befreien. Einerseits hielten mich die vorgefertigten Meinungen meiner Klassenkameraden in diesen engen Grenzen gefangen, andererseits ließ ich mich aber auch eingrenzen, ohne mich wirklich dagegenzustellen.

Während meiner ersten Kindheitsphase hatte ich viele Freundinnen und war ein wichtiger Teil eines Ganzen; ich war lebensfroh, laut und ideenreich. Dadurch gelang es mir auch oft, den Ton anzugeben oder ein Spiel zu bestimmen. Der „Abstieg" zur Außenseiterin war hart für mich und löste noch lange Zeit Beklemmungsgefühle aus. Ich hatte zwar auch in der weiterführenden Schule Freundinnen, nur einfach nicht mehr die „Hippen" und „Coolen" der Gruppe. Während dieser Zeit habe ich meine Freundin Steffi kennengelernt, und wir gingen lange zusammen durch dick und dünn. Wir wurden mit „Streberin" und „Fisch" betitelt, aber was machte das schon, wenn man auf die tiefe und wertvolle Qualität der daraus entstandenen Beziehung blickt?!

In der weiterführenden Schule machte mir aber nicht nur das soziale Umfeld zu schaffen, sondern auch das schulische Niveau. Von Bestnoten während der Grundschulzeit fielen meine Leistungen, vor allem in Mathematik, auf knapp genügend. Der Leistungsdruck stieg an und ich konnte ihm manchmal fast nicht standhalten. Einige der Lehrer waren noch von der alten Garde; in jungen Jahren durften sie die Schüler körperlich züchtigen. Ihr Verständnis von Pädagogik könnte man heute als verstaubt bezeichnen und ich fühlte mich damals so eingeschüchtert von ihnen, dass ich Lern- und Denkblockaden entwickelte. Im Matheunterricht zeigten sie sich am stärksten: Im Schnellrechnen musste die ganze Klasse auf den Tischen stehen. Der Schüler, der am schnellsten die Lösung einer Rechenaufgabe rief, konnte sich hinsetzen. Ich stand regelmäßig als Einzige noch hoch oben auf dem Tisch – beschämt … entmutigt … erniedrigt.

Erst viel später während meiner Ausbildung zur individualpsychologischen Lebensberaterin erkannte ich, dass sich aus diesem „Vorher" und „Nachher" meiner Kindheit ein innerliches Bewegungsgesetz entwickelt hatte. Diese zwei Phasen wiederholten sich immer wieder in meinem Leben! Als ich jung war, wechselten sie sich ab. Heute laufen sie parallel und bemühen sich ums Gleichgewicht. Das „Vorher" war von Spielen und Freude, von Unbefangenheit und Vertrauen geprägt – ich nenne diese Phase „Spielen". Im „Nachher" musste ich mich beweisen, Leistung bringen und durchbeißen, deshalb nenne ich es heute „Alltag".

Mit der Zeit entwickelte ich die Fähigkeit, mich in beiden Phasen zu bewegen. Ich wurde in der zweiten Hälfte meiner Kindheit nicht so sehr entmutigt, dass ich nicht mehr gewagt hätte, zu leben und zu spielen. Denn es gab in dieser Zeit ja nicht nur die Schule, sondern auch mein Privatleben, das immer mehr geprägt wurde von der Kirchengemeinde und meinen christlichen Freunden. Dort wurde ich angenommen, wie ich war, machte tolle Erlebnisse und lernte durch ältere Vorbilder vieles von Gott und dem Leben mit Jesus. Ich denke, das hat viel dazu beigetragen, dass mein Horizont nicht so eng wurde, als dass er mir die Luft zum Atmen genommen hätte.

Allerdings entwickelte ich durch die Erfahrungen während meiner zweiten Kindheitsphase eine latente Menschenfurcht. Das vertrauensvolle Mädchen, das meinte, niemand könne ihm etwas anhaben, musste die Erfahrung machen, dass es auch abgelehnt werden konnte. Bis heute spüre ich eine gewisse Vorsicht im Umgang mit Menschen, die ich nicht gut kenne. Ich gehe nicht automatisch davon aus, dass sie mir wohlgesinnt sind. In mir liegt ein recht tief verwurzeltes Misstrauen, dass mein Gegenüber mir vielleicht Böses antun will. Deshalb gebe ich nicht gleich schon am Anfang einer neuen Beziehung persönliche Dinge preis, die mich verletzbar machen. Ich brauche immer einige Zeit, bis ich anderen vertrauen und mich öffnen kann.

Als Kind errichtet man Grenzmauern, um sich zu schützen und nicht verletzt zu werden. Wenn man dann erwachsen ist, stehen diese Mauern immer noch da. Obwohl sie eigentlich längst ausgedient haben, klammert man sich weiter daran fest oder versteckt sich hinter ihnen, einfach aus Gewohnheit oder mangels einer Alternative. Diese Mauern haben in der Kindheit ihren Dienst getan, und jetzt denkt man, dass man mit derselben Strategie auch im Erwachsenenleben weiterkäme.

> Mauern haben in der Kindheit ihren Dienst getan, und jetzt denkt man, dass man mit derselben Strategie auch im Erwachsenenleben weiterkäme, aber sie können einen am Leben hindern.

Ich habe auch zwei solche Grenzmauern errichtet und musste dann irgendwann feststellen, dass sie mich am Leben hindern und mich kleinmachen. Die eine Mauer mag zwar klein erscheinen, hatte aber trotzdem einen großen negativen Einfluss auf mein Leben: Wie schon erwähnt, standen das Fach Mathematik und ich auf Kriegsfuß. Schuld daran waren Lernblockaden, die von pädagogisch fragwürdigen Lehrmethoden seitens unserer Lehrer ausgelöst wurden. Als ich die neunte Klasse mit einer knapp genügenden Mathenote beendete, hatte sich in mir die tiefe Überzeugung festgelegt, dass ich unfähig bin zu rechnen. Bevor ich dann meine Ausbildung zur Pflegefachfrau begann, hatte ich noch zwei weitere Schuljahre vor mir und auch dort stand Mathematik auf dem Stundenplan. Es war wie ein ultimativer Befreiungsschlag meiner jahrelangen schulischen Unterdrückung, dass ich am Ende dieser zwei Jahre eine ungenügende Mathenote ins Schulzeugnis bekam – ich war sogar stolz darauf!

Meine Grenzmauer hieß zu diesem Zeitpunkt: „Ich kann nicht rechnen und werde es auch nie können." Jahrelang war für mich Mathematik eine Theorie, die ich nicht in mein Leben integrieren konnte und es auch nicht wirklich musste. Während meiner Ausbildung realisierte ich jedoch schnell, dass Rechnen jetzt eine ganz praktische Seite bekam. Ich hatte nämlich plötzlich dem Patienten gemäß ärztlicher Verordnung eine gewisse Anzahl Milligramm eines bestimmten Medikamentes zu spritzen. Dieses Medikament musste aus einer Ampulle gezogen werden, die eine bestimmte Anzahl an Milligramm Wirkstoff auf einen Milliliter enthielt. Meine Aufgabe war es dann, auszurechnen, wie viel von der Flüssigkeit ich in die Spritze aufziehen musste, um der Verordnung des Arztes nachzukommen. Ich kann mich erinnern, wie ich manchmal vor Spritze, Kanüle und Ampulle stand, den Zeitdruck im Nacken, meine „Unfähigkeits-Mauer" vor Augen und total blockiert war – es fühlte sich an wie damals, als ich allein auf einem Tisch stand. Der Gedanke daran, dass ein falsches Resultat nicht einfach eine ungenügende Note nach sich ziehen würde, sondern je nach Wirkstoff den Tod eines Menschen bedeutete, half auch nicht gerade zur Lösung meiner Blockaden.

Meine Grenzen der Kindheit wurden mir nun zum Stolperstein im Erwachsenenleben. Ich musste mich bewusst entscheiden, diese „Ich-kann-nicht"-Festlegung abzubauen, wenn ich ohne Furcht meinem Beruf nachgehen wollte. So übte ich fleißig mit den Zahlen, und wenn ich mir nicht sicher war, fragte ich nach. Mit jedem Erfolgserlebnis stieg mein Selbstbewusstsein. Heute weiß ich: Wenn ich etwas für meinen Alltag brauche, dann *kann* ich rechnen! Und mehr brauche ich nicht.

Es gibt aber noch eine andere Mauer, die ich bis heute immer wieder ein Stück mehr demontiere. Weil ich die Erfahrung machte, dass man mich wegen meines Glaubens an Gott ablehnte, auslachte und ausschloss, wuchs in mir die Überzeugung: „Richtig gute Freundschaften kann man nur mit Gleichgesinnten, mit Christen, haben." Das war mir lange nicht so bewusst, aber es hatte einen großen Einfluss auf mein Leben. Ich habe gute Freundinnen – alle glauben an Gott. Beim Kennenlernen von andersdenkenden Menschen spüre ich zunächst immer dieses leise Misstrauen, als würde ich fast darauf warten, dass sie mit dem Finger auf mich zeigen und mich auslachen. Erst in den letzten Jahren begann ich zu realisieren, dass es Menschen gibt, die mich so mögen, wie ich bin, auch wenn sie meinen Glauben nicht teilen. Wie einengend, wie unreif und entmutigend wäre es doch da, die Kindheitsgrenzen weiterhin zu meiner Einschränkung zu machen. Mich auf andersglaubende Menschen einzulassen, kostet mich zwar immer noch Mut, aber wie bei allem im Leben gilt: Übung macht den Meister!

Bin ich jetzt also ein Opfer meiner Kindheit, weil sie definiert, wie weit oder wie eng ich Grenzen stecke? Nein! Es gab Situationen und Umstände als Kind, die ich mir weder aussuchen oder beeinflussen noch mich dagegen wehren konnte. Aber heute, als erwachsene Frau, darf ich Verantwortung für mein Denken, Fühlen und Handeln übernehmen. Dadurch erhalte ich Gestaltungskraft! Ich entscheide, welche Grenzmauern meiner Kindheit ich

Als erwachsene Frau darf ich Verantwortung für mein Denken, Fühlen und Handeln übernehmen. Dadurch erhalte ich Gestaltungskraft!

abtragen will und welche stehen bleiben sollen. Ich bin fest davon überzeugt, dass es Gottes Sehnsucht und sein Wille ist, meine Füße auf weiten Raum zu stellen. Er will mir Platz, Freiheit und Luft geben, damit ich mich in meinem Leben entfalten kann. Damit das möglich wird, gehört manchmal auch der schmerzhafte Prozess dazu, dass ich alte Muster und Strategien loslasse und ich mich auf neue Leben spendende Wege begebe. Wie Eugen Eckert in seinem Liedtext schreibt:

Weite Räume meinen Füßen,
Horizonte tun sich auf,
zwischen Wagemut und Ängsten
nimmt das Leben seinen Lauf:

Du stellst meine Füße auf weiten Raum.
Schritt ins Offene, Ort zum Atmen,
hinter uns die Sklaverei;
mit dem Risiko des Irrtums
machst du Gott, uns Menschen frei.

Du stellst meine Füße auf weiten Raum.
Da sind Quellen, sind Ressourcen,
da ist Platz für Fantasie;
zwischen Chancen und Gefahren,
Perspektiven wie noch nie.

Du stellst meine Füße auf weiten Raum.
Doch bleib Kompass, bleibe Richtschnur,
dass wir nicht verlorengehen;
zu der Weite unsrer Räume
lass uns auch die Grenzen sehn.

Eugen Eckert[2]

3. Die Welt liegt mir zu Füßen

„Wer die Grenzen erkennt und in ihnen sein Glück,
der kann es auch halten sein Leben lang; wen aber das
Irrlicht seines Verlangens weitertreibt vom einen immer
zum nächsten, der stürzt am Ende – ins Nichts."
Nizami

Ich kann mich noch gut an das Gefühl der Freiheit erinnern, als ich sechzehn Jahre alt war! Meine Zukunft als erwachsene Frau lag wie ein Buch mit unbeschriebenen Seiten vor mir. Die Möglichkeiten, mein Leben zu gestalten, schienen mir endlos. Mein Vertrauen ins Leben und der Glaube daran, dass alles gut werden würde, waren unbegrenzt.

Schon seit Anfang meiner Teenagerjahre war mir klar, dass ich mich zur Pflegefachfrau ausbilden lassen wollte. Darum waren die nächsten Jahre darauf ausgerichtet, dieses Ziel zu erreichen. Die Tatsache, dass mir bis dahin meistens alles gelang, was immer ich auch anpackte, steigerte meine Zuversicht, dass ich sehr vieles erreichen konnte, wenn ich nur wollte. Grenzen? Ein Wort, das es in meinem jugendlichen und unbeschwerten Wortschatz nicht gab – ich kannte nur ein Leben à la „sans souci", das heißt ohne Sorgen und mit der Gewissheit angefüllt, dass mir alles gelingen würde, wenn ich nur fest genug daran glaubte. Klar kann ich mich an angstvolle Schritte in neue Gebiete meines Lebens erinnern, zum Beispiel als ich als Achtzehnjährige für drei Monate nach Wales flog, um eine Sprachschule zu besuchen. Oder als ich anschließend für ein halbes Jahr im französischsprachigen Teil der Schweiz ein Pflegepraktikum in einem Krankenhaus absolvierte. Durch all diese Erfahrungen begann ich, mich von zu Hause abzunabeln. Ich machte große, selbstständige Schritte in die Freiheit, die alles für mich bereitzuhalten schien. Zu jenem Zeitpunkt verstand ich noch nicht, dass ich mit jeder meiner Entscheidungen andere Möglichkeiten der Lebensgestaltung ausschloss. Durch jeden Schritt in eine bestimmte Richtung bewegte ich mich ganz klar weg von anderen, auch begehbaren Wegen. Dadurch setzte ich meinem Leben Grenzen, die mich formten und später zu der Frau werden ließen, die ich heute bin.

Als Sechzehnjährige meinte ich, alles zu wissen oder zu können. Heute beobachte ich, dass diese jugendlich-naive Ignoranz wohl ganz normal ist – sie gehört zum Selbstständigwerden dazu. Je nachdem, wie viel Vernunft mit dieser Ignoranz gemischt wird, verhilft sie zu positiven oder dann eben zu negativen Erlebnissen. Ich verdanke es meinen Eltern und ihrer Erziehung, dass ich eine große Portion Vernunft mit auf den Weg bekam und sich dadurch die Schäden, ausgelöst von jugendlichem Übermut, in Grenzen hielten.

Wie gut erinnere ich mich daran, als ich zum ersten Mal anstatt mit meinen Eltern zusammen mit gleichaltrigen Freunden in den Urlaub fuhr. Wir waren mit dem Auto unserer Eltern unterwegs, bepackt mit Campingzelten und einer modernen Kühlbox, die man an der Autobatterie anschließen konnte. Doch anstatt die Eltern zu fragen, wie dieses Gerät funktioniert, meinten wir Jugendlichen, es selbst zu wissen. Als wir nach fünf Stunden Fahrt unsere vermeintlich gekühlten Sandwiches essen wollten, waren diese zu unserem großen Erstaunen und Schrecken fast gar gekocht, die Butter geschmolzen und die Getränke erhitzt. Wir begriffen erst dann, dass wir bei der Kühlbox das Kabel verkehrt angeschlossen hatten. Darum begann unsere Box zu heizen, anstatt zu kühlen. Unsere Kühlbox lehrte uns am folgenden Tag eine weitere Lektion. Wenn man sie während der Nacht im parkenden Auto an der Batterie angeschlossen lässt, dann springt der Motor am nächsten Morgen ganz bestimmt nicht mehr an! Harmlose Erlebnisse, die bis heute für Gelächter und leichtes Kopfschütteln sorgen – wie unerfahren waren wir damals!

Sobald ich erste Schritte in die Erwachsenenwelt tat, wurden mir schonungslos die Augen geöffnet und eine große Portion Realität mischte sich in meinen verklärten Blick. Unvergesslich bleibt mir die Zeit in Erinnerung, als ich meinen ersten Ferienjob bei einem Supermarkt antrat, um Geld für meinen Sprachaufenthalt in Wales zu verdienen. Ich arbeitete

Ich wusste noch nicht, dass die Stunden nur so dahinfliegen können, wenn man nicht unterfordert ist und eine Arbeit verrichtet, die man liebt.

nun mehr als acht Stunden pro Tag, wobei mir jede einzelne Minute wie eine Ewigkeit vorkam. Während ich in der Früchteabteilung Bananen auffüllte, schaute ich ständig auf die Uhr und war jedes Mal überrascht, dass gerade mal ein paar Minuten vergangen waren. Für mich fühlte es sich so an, als hätte in dieser unendlich langen Zeit eine ganze Bananenstaude wachsen können.

Dieses Erlebnis erfüllte mich mit leichter Panik und ich fragte mich ernsthaft, ob jetzt wohl mein ganzes Leben so sein würde: arbeiten, um Geld zu verdienen, die Minuten wie Stunden zu erleben und dabei innerlich fast zu verzweifeln. Ich wusste noch nicht, dass die Stunden nur so dahinfliegen können, wenn man nicht unterfordert ist und eine Arbeit verrichtet, die man liebt.

Irgendwann ging aber auch mein Ferienjob zu Ende und mein dreimonatiges Sprachstudium in Wales startete. Zu diesem Zeitpunkt hatte ich den unterschriebenen Lehrstellenvertrag als Pflegefachfrau bereits in der Tasche. Meine Mitstudenten waren vor allem zukünftige junge Missionare aus aller Welt, die sich die englische Sprache aneignen wollten. Das Klima unter den Studierenden war geprägt von Reise- und Abenteuerlust, gepaart mit gespannter Ungewissheit, was sie bei ihrem zukünftigen Missionseinsatz erwartete. Ich ließ mich von ihrer Begeisterung anstecken und erlebte dadurch eine aufregende und unvergessliche Studienzeit. Gleichzeitig wünschte ich mir, dass sie nie enden würde. In dieser Zeit spielte ich mehr als einmal mit dem Gedanken, die Ausbildung aufzuschieben und stattdessen an einem Missionseinsatz teilzunehmen. Hätte mich in diesen Wochen jemand ermutigt, meine beruflichen Pläne hinzuschmeißen, damit ich auf einem der Schiffe von OM (Operation Mobilisation, einer christlichen Missionsgesellschaft) mithelfen konnte, ich hätte es getan! Es war aber das Gegenteil der Fall: Die Stimmen von zu Hause, die mich gut kannten, sprachen mir Mut zu, doch erst meine Ausbildung zu machen, bevor ich mich in fremde Länder und Abenteuer stürzen würde. Und so entschied ich mich an dieser wichtigen Weggabelung meines

Lebens, auf dem vorgesehenen Weg zu bleiben und nicht eine komplett neue Richtung einzuschlagen.

Als ich nach meiner Zeit in Wales für ein Praktikum in ein „Schwesternhaus" des Krankenhauses wechselte und zusammengeworfen war mit jungen Frauen, die ich nicht kannte, in einer Welt, die nicht mehr Englisch, sondern Französisch sprach, kam ich wieder an einigen Weggabelungen vorbei. Während mir die Sprachschule von A bis Z Spaß bereitet hatte und mich in meinem christlichen Glauben und im Umgang mit fremden Kulturen ermutigte, hieß es nun, hart zu arbeiten und einiges an Demütigungen zu schlucken. Wir Praktikantinnen waren die „Aide infirmières" (Krankenschwesternhilfen) und wurden von einer strengen „Madame", die mich ein wenig an den Drachen „Frau Mahlzahn" aus der Geschichte von Jim Knopf erinnerte, regiert. Schon nach meinen ersten Tagen auf der chirurgischen Station erkannte ich, dass die vorwiegend aus Frankreich stammenden Krankenschwestern kein gesteigertes Interesse an harter Arbeit hatten. Vor allem am Wochenende, wenn ihre Vorgesetzte nicht anwesend war, schickten sie uns Praktikantinnen in alle Krankenzimmer, um zu arbeiten. Währenddessen saßen die Französinnen im Stationszimmer, tratschten, strickten oder lackierten sich die Nägel! Wenn diese Krankenschwestern dann doch mal bei einem Patienten vorbeischauten und bemerkten, dass er sich im Bett übergeben hatte, machten sie auf der Türschwelle kehrt und riefen: „Les filles! Nettoyez!" („Mädels! Putzen!")

In jenem halben Jahr lernte ich, was Arbeiten bedeutet. Manchmal hatte ich das Gefühl, diese Arbeit sei zu schwierig für mich, der Beruf der Pflegefachfrau sei nicht der richtige für mich. Wieder stand ich vor einer Verzweigung, die von mir eine Entscheidung in die eine oder andere Richtung verlangte. Ich entschied mich, an meinen Plänen festzuhalten – entschlossen, *nie* eine solche Krankenschwester zu werden, die Praktikantinnen oder Auszubildende ausnutzt. Ich würde mir nicht zu schade sein, auch mal ein schmutziges Bett frisch zu beziehen oder einem Patienten den Hintern zu putzen. Durch jene Praktikumszeit bekamen mein Leben und meine Persönlichkeit wieder ein Stück mehr Profil und die Schritte auf dem eingeschlagenen Weg wurden fester.

Nach der Ausbildung, so dachte ich, stünden dann alle Möglichkeiten für mich offen. Ich könnte frei entscheiden, wohin ich gehen wollte, um zu arbeiten. Sollte ich in der Schweiz bleiben? Ins Ausland gehen? Alles meine Entscheidung!

Im letzten Ausbildungsjahr trat dann aber *der* Traumprinz in mein Leben (diese Geschichte kannst du weiter hinten nachlesen), und plötzlich waren die Zukunftspläne nicht nur noch von mir abhängig. Aus einem *Ich* wurde ein *Wir* und gemeinsame Entscheidungen legten immer mehr den Weg fest. Als ich Stefan heiratete, sagte ich ohne jeden Zweifel „Ja" zu ihm und somit „Nein" zu allen anderen Männern, die vielleicht auch noch meinen Weg gekreuzt hätten.

Das unbeschriebene Buch, das mit sechzehn Jahren vor mir lag, füllte sich mit immer mehr Seiten – mit der Geschichte meines Lebens. In mir wuchs nach und nach die Erkenntnis: Freiheit braucht immer Grenzen und es gibt in meinem Leben keine „grenzenlose Freiheit". Wenn ich grenzenlose Freiheit wollte, dann käme ich nie zur Ruhe oder könnte nicht zu einer Entscheidung stehen und dabei bleiben. Bei grenzenloser Freiheit müsste ich immer unentschieden und unfassbar bleiben, denn sonst würde mein Leben eingeengt werden. Ich bin schon einigen Menschen begegnet, die sich für (scheinbare) grenzenlose Freiheit entschieden haben: Sie sind

Freiheit braucht immer Grenzen und es gibt in meinem Leben keine „grenzenlose Freiheit".

„ewige Studenten", die immer wieder ihre Studienrichtung wechseln, oder es sind Menschen, die Angst davor haben, eine verbindliche Beziehung einzugehen, oder die mit dreißig Jahren immer noch so leben wie Achtzehnjährige, da sie nur Spaß und Partys, aber ja keine Verantwortung haben wollen.

Ich habe gelernt, dass Entscheidungen mich in gewissem Maße festlegen. Gleichzeitig geben sie mir aber auch Freiheit, denn sie zeigen mir, in welche Richtung mein Leben laufen soll. Sicher, sie stellen mich immer auch an einen Ort, an dem ich für mich und für andere Verantwortung trage. Die großen Verzweigungen meines Lebens verlangten jeweils eine Entscheidung von mir und darauf folgten immer Konsequenzen. Je mehr Verantwortung in mein Leben kam, desto weniger konnte ich einfach nur noch für mich entscheiden. Ob ich das als Freiheit oder Einengung erlebe, ist eine Frage meiner Deutung und meiner Einstellung. Hilfreich finde ich in diesem Zusammenhang die folgenden Sätze aus der Bibel: *„Durch Christus seid ihr dazu berufen, frei zu sein, liebe Brüder und Schwestern! Aber benutzt diese Freiheit nicht als Deckmantel, um eurem alten selbstsüchtigen Wesen nachzugeben. Dient vielmehr einander in Liebe"* (Galater 5,13). Freiheit soll nie dazu missbraucht werden, meine egozentrischen Wünsche zu erfüllen und dabei andere zu verletzen oder zu übergehen. In Freiheit zu leben bedeutet auch, dass ich die Bereitschaft zeige, Verantwortung für mich und mein Handeln zu übernehmen. Und dieses Handeln sollte nie egoistisch, nur auf mich selbst bedacht und ohne Rücksicht auf Verluste sein. So gesehen verlangt das Leben in Freiheit eine soziale Verantwortung; ich wende mich ab von mir selbst hin zur Gemeinschaft – und das ist im Endeffekt nie einengend, sondern immer befreiend.

Die größte Krise bezüglich der Endgültigkeit gewisser Entscheidungen und der damit verbundenen Grenzen erlebte ich an Weihnachten 2013, als unsere jüngste Tochter Emélie ein Jahr alt war. Die Krise kam völlig unerwartet, ausgelöst durch die Geburt meines Neffen. Mir wurde plötzlich mit schmerzhafter Gewissheit klar, dass ich nie mehr ein eigenes Baby in den Armen halten würde. Unsere Entscheidung für ein drittes Kind war uns nicht leicht gefallen. Mein Mann, vollends zufrieden mit unseren zwei Wonneproppen, wollte kein weiteres Kind mehr und ich wünschte mir nichts sehnlicher als das! Nach vielen Gesprächen, in denen wir als Ehepaar Ängste und Befürchtungen, Wünsche und Sehnsüchte aussprechen konnten, fand auch mein Mann ein Ja zu einem dritten Kind. Mir war klar, dass es meine letzte Schwangerschaft sein würde.

> Entscheidungen legen mich in gewissem Maße fest. Gleichzeitig geben sie mir Freiheit, denn sie zeigen mir, in welche Richtung mein Leben laufen soll.

Meiner Meinung nach verabschiedete ich mich nach der Geburt unserer Jüngsten sehr bewusst vom Thema „Kinderkriegen". Nie hätte ich damit gerechnet, dass mich die Krise ein Jahr später aus dem Hinterhalt angreifen und mich zu Boden bringen würde! Nicht nur würde ich nie mehr ein Kind in mir tragen, sondern mir wurde beim Anblick des kleinen Neffen voll bewusst, dass ich ein ganzes Kapitel meines Lebens bereits hinter mir hatte! Unsere Familienplanung war abgeschlossen. Als Sechzehnjährige dachte ich, dass ich einmal heiraten und Kinder bekommen würde. Damals war diese Seite meines Lebensbuches noch leer, aber nun war das Kapitel bereits geschrieben – unabänderlich! Ich war dreiunddreißig Jahre alt und ein Teil meines Frauseins lag hinter mir. Diese Erkenntnis konfrontierte mich mit der Endlichkeit meines Lebens. Auch ich habe nur eine gewisse Zeitspanne zur Verfügung. Ich hatte Angst, dass ich meine Zeit hier auf Erden vergeuden würde. Ergab mein

Leben überhaupt noch Sinn? Was tat ich eigentlich? War ich gefangen in meinem festgefahrenen Leben? Konnte Gott mich überhaupt noch gebrauchen? Eine Identitätskrise pur!

Der Weg aus der Krise begann dadurch, dass ich die aufgeschlagene Seite meines Lebensbuches akzeptierte und zu einem Ja für all die bereits geschriebenen Kapitel fand. Ein Teil meines Lebens lag schon hinter mir, Entscheidungen bahnten mir den Weg bis dahin und viele Seiten meines Lebens wurden beschrieben mit Erlebnissen, Entscheidungen und ihren Konsequenzen. Ich hatte schon so viel Gutes erlebt; ich erkannte eine klare Segenslinie von den ersten unbeholfenen Schritten als Sechzehnjährige bis zum Hier und Jetzt. Also entschied ich mich bewusst, nun nach vorne zu schauen auf die immer noch weißen, leeren Seiten meines Lebens. Klar, einiges ist „vorgeschrieben"; ich bin und bleibe Mutter und Ehefrau. Aber ich kann noch so viel mehr erleben, wenn ich bereit bin, im Vertrauen auf Gott vorwärtszuschauen.

> **Der Weg aus der Krise begann dadurch, dass ich die aufgeschlagene Seite meines Lebensbuches akzeptierte und zu einem Ja für all die bereits geschriebenen Kapitel fand.**

Heute ist mein Lebensweg gekennzeichnet von Werten, Aufgaben und Fähigkeiten, die ich mir durch mutige Entscheidungen angeeignet habe. Diese Merkmale machen mich frei, so zu sein, wie ich bin, und frei, so zu leben, dass mein Leben gesegnet ist und dieser Segen weiterfließen kann. Gott schreibt meine Geschichte weiter mit mir. Die schon geschriebenen Kapitel können nicht mehr abgeändert werden, doch sie beeinflussen den weiteren Verlauf meines Lebensbuches. Und trotzdem bleibt noch jede Menge Platz, um Neues zu entdecken; zwar nicht mehr ganz so unwissend und impulsiv wie mit sechzehn Jahren, dafür aber mit mehr Bedachtheit und Reife.

Schlussendlich habe ich für mich erkannt: Auch wenn meinem Leben Grenzen gesetzt sind, hindern mich diese Grenzen nicht daran, innerlich frei zu sein und gemeinsam mit Gott mutig weitere Kapitel im Buch meines Lebens zu schreiben!

4. „No Problem, Madam!"

„Ich muss bis an meine Grenzen gehen, bis
zum Äußersten, das mir möglich ist, um beim
anderen anzukommen. Begegnung geschieht,
so gesehen, immer an der Grenze."
Anselm Grün[3]

Bis zu meinem letzten Ausbildungsjahr hatte ich schon einige Landesgrenzen überschritten oder überflogen. Aber weder Urlaube in Frankreich noch ein Sprachaufenthalt in England hätten mich jemals auf die Erfahrung, die mit dem Praktikum in einem indischen Krankenhaus auf mich wartete, vorbereiten können!

Mit der Reise nach Indien überflog ich nicht nur mehrere Landesgrenzen, sondern stieß hart an meine eigenen Grenzen und darüber hinaus. Wie gut, dass ich das zum Zeitpunkt der Abreise noch nicht wusste. Da sah ich nur das Abenteuer, das vor mir lag, und konnte mir den Schock, der auf mich wartete, nicht einmal im Traum vorstellen.

Während meiner späteren Auslandserfahrungen mit einer Missionsgesellschaft lernte ich, dass der „Kulturschock" in sechs Phasen verläuft. Die erste ist die „Honeymoon-Phase" (engl. für Flitterwochen), danach kommt die „Irritation", gefolgt von der „Krise". In der vierten Phase „lernt man am Unterschied", und dadurch folgt die „Akkulturation", in der man sich gewisse Kompetenzen im Umgang mit dem Fremden aneignet. Die sechste und letzte Phase ist die „Bikulturelle Kompetenz" – die Fähigkeit, sich in der eigenen und der fremden Kultur zu bewegen und erfolgreich zu leben.

In der Honeymoon-Phase sieht man vieles durch die rosarote Brille, ist blind für die Realität und deren Herausforderungen. Man erfreut sich am exotischen Essen, der Natur, der Andersartigkeit und alles ist einfach nur aufregend. Mit dem ersten Schritt vom Flughafen raus auf indischen Boden wurde mir klar: In Indien gibt es keine rosarote Brille für mich! Meine Reaktion auf Indien ist der Beweis, dass die Phasen nicht immer linear – schön nacheinander –, sondern manchmal parallel oder sprunghaft verlaufen. Ich stürzte nämlich kopfüber in die „Krise"! Der Pulsschlag des indischen Lebens stürmte ungefiltert auf mich ein und hatte mich in Sekundenschnelle in seiner engen und lauten Umarmung. Die stickige Luft machte es nicht gerade leichter. Es gab keine Möglichkeit der Tarnung, ich konnte nicht unauffällig in der Menschenmenge verschwinden. Es kam mir vor, als hätten sich alle Taxifahrer Indiens hier versammelt, um uns anzuschreien und an den Armen zu reißen, damit sie uns einen guten Deal anbieten könnten. Bis zu diesem Zeitpunkt habe ich mich noch nie so weit außerhalb meiner mir wohlbekannten Grenzen befunden. In jenem Moment, inmitten aller Taxifahrer Indiens, traf mich der Kulturschock völlig unvorbereitet und hart.

Zum Glück hatte ich mich mit meiner Freundin Margret gemeinsam auf dieses Abenteuer in Indien eingelassen. Während der Fahrt vom Flughafen zum Krankenhaus saß ich völlig apathisch neben ihr und überließ ihr die ganze Konversation mit unserem Fahrer. Für sie muss es sich so angefühlt haben, als ließe ich sie im Stich. Aber mein Körper und meine Seele waren wie gelähmt und schalteten einfach auf Autopilot. Die Fahrt durch die Stadt sehe ich bis heute glasklar vor mir und nichts, absolut nichts war rosarot! Ich realisierte, dass ich Leib und Leben gefährden würde, sobald ich auch nur versuchte, diese Straßen zu überqueren. Der Verkehr war außer Kontrolle und es schien das Gesetz des Stärkeren zu herrschen.

Es kam mir vor, als hätten sich alle Taxifahrer Indiens hier versammelt, um uns anzuschreien und an den Armen zu reißen, damit sie uns einen guten Deal anbieten könnten.

Später erfuhren wir, dass man zwar ohne funktionierendes Licht am Auto auf der Straße fahren könnte, aber nie und nimmer ohne funktionstüchtige Hupe, denn das wäre glatter Selbstmord.

Ich sah den Schmutz, die unendlich vielen Menschen und immer wieder die mageren heiligen Kühe. Wie sollte ich es bloß zwei Monate in diesem lauten, grellen, intensiven Land aushalten? Alle meine Sinne schrien: „Reizüberflutung!" Ich konnte absolut nichts dagegen tun. Wie gerne wäre ich in diesen ersten Stunden zurück ins Vertraute geflüchtet, hinter die Stadtmauern meiner kleinen Welt, dorthin, wo ich alles kannte und wusste, wie ich mich zu verhalten hatte. In dieser ersten Zeit schrieb ich in mein Tagebuch: „Die ganze Nacht hindurch pulsiert diese Stadt mit Leben, Lärm, Musik, Gehupe, Geschrei, und wenn dann niemand mehr etwas zu melden hat, kommt der Muezzin und dröhnt alle, die es hören oder nicht hören wollen, mit seinen Lautsprechergebeten zu!"

Nach einer kurzen Eingewöhnungsphase auf dem Krankenhausareal und im Gästehaus wurden wir in Arbeitskleider gesteckt und an die Seite der indischen Krankenschwestern gestellt. Schnell stellte sich heraus, dass wir zwar Einblick in alle Bereiche haben konnten, aber nicht wirklich als Krankenschwestern arbeiten durften. So wie wir es machten und gelernt hatten, war es in Indien „falsch" und fremd, sodass unser Alltag oft aus Zuschauen bestand. Hinzu kam, dass sie uns keine Hilfsarbeiten geben wollten, da wir Weißhäutige sind. Durch die Lernschwestern erfuhren wir, dass Krankenschwester ein „niedriger" Beruf sei, und sie alle konnten nicht nachvollziehen, dass wir als Weiße nicht Ärztinnen werden wollten.

In dieser Zeit habe ich gelernt, dass durch eine andere Kultur auch medizinische Grenzen anders definiert werden können, und das führte bei uns mehr als einmal zu der in der zweiten Kulturschockphase beschriebenen Irritation. Inder, die beim Krankenhauseintritt kein Geld vorweisen konnten, wurden in den öffentlichen Krankenhäusern abgewiesen, auch wenn dies hieß, dass sie noch vor dem Gebäude sterben mussten. Bei unserem Krankenhaus handelte es sich um eine christliche Institution und es nahm alle Leute auf. Nur leider erlebten wir in dieser kurzen Zeit einige Male, dass die Leute zu spät zu uns fanden, da sie es vorher schon in anderen Krankenhäusern versucht hatten. Dadurch kam manchmal jede Hilfe zu spät. So auch für eine schwangere Frau mit Schwangerschaftsvergiftung kurz vor ihrem Entbindungstermin. Als sie auf der Notfallstation ankam, stand sie schon unter Schock und alle Bemühungen halfen nichts – sie starb. Mit ihr starb ihr Kind, das außerhalb ihres Bauches lebensfähig gewesen wäre. Völlig entgeistert fragten wir die Ärzte, weshalb sie das Kind nicht gerettet hätten. Sie schauten uns verständnislos an und meinten: „Ein Kind kann ohne seine Mutter nicht leben." Eine Selbstverständlichkeit für die indischen Ärzte und Schwestern – für uns entsetzlich ungerecht. Wie konnten diese Leute so herzlos sein? Lange noch hat uns dieses Erlebnis zu schaffen gemacht.

Als ich einige Wochen dort war, wurde mir klar, dass die Inder durch die anderen Lebensumstände wohl auch andere Grenzen in ethischen Fragen ziehen. In einem Land, in dem so viele um ihre Existenz kämpfen müssen, hat ein Baby ohne Mutter kaum eine Chance. Es wäre nicht einmal sicher, dass jemand aus der Verwandtschaft es aufnehmen würde, da alle schon genug Mäuler zu stopfen haben.

Zwei Monate sind zu kurz, um alle sechs Phasen des Kulturschocks zu durchleben, denn um eine bikulturelle Kompetenz (sechste Phase) zu erreichen, muss man jahrelang in einem Land leben. Trotzdem erlebte ich bis zum Schluss einige Momente, in denen ich am Unterschied der zwei Kulturen lernte (vierte Phase).

Ich machte die traurige Erfahrung, dass das einzelne Leben in Indien nicht so viel zählt wie das Ganze und dass der Tod dem Leben viel näher ist als bei uns. Wenn ich nicht bereit bin, meine westliche Brille auszuziehen, und versuche, wenigstens ansatzweise durch die indische Brille zu blicken, dann kann ich an diesen Unterschiedlichkeiten verzweifeln. Ich erlebte einige Situationen, in denen meine Vorstellung von Richtig und Falsch bis auf die Grundfesten erschüttert wurde und ich lernen durfte zu akzeptieren, dass sich gewisse Fragen nicht einfach schwarz-weiß beantworten lassen, sondern die Antwort irgendwo im Zwischenraum, im Niemandsland zwischen den Grenzen von Richtig und Falsch, liegen.

> **Gewisse Fragen lassen sich nicht einfach schwarz-weiß beantworten, sondern die Antwort liegt irgendwo im Niemandsland zwischen den Grenzen von Richtig und Falsch.**

Während ich zu Beginn des Praktikums das Gefühl hatte, dass mich das Land mit seiner intensiven Umarmung ersticken würde, machte ich nach und nach die Erfahrung, dass mich viele Menschen mit einer herzlichen Umarmung aufnahmen. Margret und ich bekamen Kontakt zu den Lernschwestern, die uns an ihrem einzigen freien Tag jeweils zu ihren Familien oder zu ihren Geburtstagsfesten einluden. Wir wurden bekocht, bis unsere Geschmacksnerven von all der Schärfe taub waren, und auf einen Jahrmarkt mitgenommen – hinein in Achterbahnen, die sämtlichen Sicherheitsvorschriften offen ins Gesicht lachten. In diesen Begegnungen wurde für mich wahr, was Anselm Grün in seinem Buch *Grenzen setzen – Grenzen achten* schreibt: Beziehungen mit diesen jungen Frauen fanden an meiner Grenze, an meinem Äußersten, statt. Ich musste bereit sein, mich weit aus dem Fenster hinauszulehnen und Beziehung anzubieten auf die einzige Art, die ich kenne – auf die Schweizer Art. Dort, weit außerhalb meiner Grenzen, machte ich mich verletzbar und hatte bis zum Schluss nie die Gewissheit, ob mein Angebot auch richtig verstanden wurde.

Wir lernten zum Beispiel schnell, dass man in Indien mündlich etwas abmacht, dann aber am verabredeten Tag noch schnell wegen der Zeit telefoniert. Stolz, dass wir uns ihrer Kultur anpassten, gingen Margret und ich dann eines Tages zur abgemachten Zeit am Nachmittag ins Schwesternhaus, bereit, mit den anderen Frauen in die Stadt zu gehen. Als wir dort ankamen, war niemand startklar und alle steckten noch in ihren Schlafanzügen! Während sich unser schweizerischer Sinn für Pünktlichkeit sehr angegriffen fühlte, kämpften wir darum, uns an die Situation anzupassen und

nicht verärgert zu reagieren. Solche Momente waren jeweils der Grenzstein: das Ende meiner Erfahrungswelt und der Beginn des anderen. Das war mein Äußerstes, das versuchte, mit dem anderen zu verschmelzen und ihn zu verstehen. Bei diesem spezifischen Erlebnis kam das Verständnis erst im Nachhinein. Den jungen Frauen zuzuschauen, wie sie sich für unsere Verabredung vorbereiteten, öffnete mir die Augen. Man stelle sich den Tagesablauf der Lernschwester dort vor: Sechs Tage die Woche waren ihre Stunden durchgeplant von sechs bis zweiundzwanzig Uhr. Die einzige freie Stunde, die sie hatten, war zwischen zweiundzwanzig und dreiundzwanzig Uhr. Deshalb wurde an ihrem einzigen freien Tag schon die Vorbereitung auf das Weggehen zum genussvollen Anlass, indem sie einander die Haare wuschen, sich in Saris wickelten, einander die Nägel lackierten, kicherten, tratschen und die Vorfreude wachsen ließen. Hätten Margret und ich uns von unseren Vorstellungen leiten lassen, unserem Ärger Luft gemacht und die Verabredung sausen lassen, weil es nicht unseren Vorstellungen entsprach, dann hätten wir eine kostbare Stunde unter Freundinnen verpasst und den Wert des Ganzen nicht begriffen. Wir wären um ein Erlebnis ärmer und die kulturellen Grenzen hätten uns nicht bereichert, sondern wir hätten eine trennende Mauer aufgebaut. Wie froh bin ich, dass uns die Verschmelzung zweier Kulturen in diesem Moment gelang!

Ich habe am Anfang erwähnt, dass ich Indien nie mit einer rosaroten Brille sehen konnte, weil das Land dafür viel zu intensiv ist. Rosarot war also – abgesehen von einem meiner Saris – keine Farbe, die ich mit unserem Aufenthalt dort in Verbindung bringe. Es gibt jedoch eine andere Farbe, die voll und ganz zutrifft: blau! Während mir die rosarote Brille verwehrt blieb, um die Erfahrungen mit der indischen Kultur ein wenig zu dämpfen, ging ich mit einer gewissen Blauäugigkeit in die zwei Monate hinein. Die ersten Wochen half mir diese Naivität über das Gröbste hinweg. Irgendwann wurden uns dann aber doch die irritierenden kulturellen Unterschiede auf ärgerliche Art und Weise bewusst; wir waren in der „Irritationsphase" angelangt. Wir stellten fest, dass ein Inder einem nicht immer die Wahrheit sagt. Die Menschen in Indien leben in einer Schamkultur, das heißt, dass es für sie nicht denkbar ist, einfach zu sagen, sie wüssten etwas nicht oder sie hätten einen Fehler gemacht. So hörten wir gefühlte tausendmal „No problem, Madam!". Vom Angestellten im Fotoshop bis hin zum Passanten auf der Straße, den man nach dem Weg fragte, nickten sie alle lächelnd mit dem Kopf und gaben einem den Eindruck, dass sie genau wüssten, wovon sie sprechen. Wenn man ein Problem hatte, konnten sie einem das Gefühl geben, dass es eigentlich keines sei. So leichtgläubig und kulturgeblendet, wie wir anfangs waren, glaubten wir das tatsächlich auch.

Mit diesen kulturellen Unterschieden umzugehen, bedarf es mehr als zwei Monate Aufenthalt. So habe ich bis zum Schluss nicht verstehen oder akzeptieren können, dass ein Inder lieber lügt, als ehrlich zu sagen, dass er etwas nicht weiß. Mir wurde bewusst, dass ich durch meine kulturellen Einflüsse geprägt bin und sie mit zu meiner Identität gehören. Dieses Bewusstsein bekam ich aber erst durch die Begegnung mit einer anderen Kultur und dadurch, dass ich mit ihrer Andersartigkeit konfrontiert wurde. Plötzlich wurde der Begriff „normal" infrage gestellt. Für mich ist es normal, jemandem, der mich nach dem Weg fragt, zu sagen: „Ich weiß es nicht", wenn ich den Weg nicht kenne. Für einen Inder ist es normal, in derselben Situation trotz totaler Ahnungslosigkeit einfach selbstbewusst in eine Richtung zu zeigen.

Während meiner späteren Asienaufenthalte entdeckte ich auf den Märkten immer wieder T-Shirts mit dem Aufdruck „Same, same – but different" („ganz gleich, aber anders"). Genau dieser Spruch scheint zu meiner ersten Erfahrung in Asien zu passen: Wir sind alle von Gott geschaffene Menschen („Same, same"), aber in unserer kulturellen Prägung eben ganz anders („but different").

Wenn ich meine Zeit in Indien nur mit der Brille der Krankenschwester bewerten würde, hätte sie sich nicht gelohnt, da die Ärzte und Schwestern uns dort weder wirklich brauchten noch helfen ließen. Wenn ich den reichen Schatz an Erfahrungen anschaue, habe ich vielleicht nicht viel für meinen Beruf gelernt, aber dafür umso mehr fürs Leben! Die Erfahrung zu machen, dass man andersartigen Menschen nur an der Grenze seines Selbst begegnen kann – nur durch das mutige Aufeinanderzugehen –, hilft mir bis heute in der Begegnung mit Menschen, die ich anfänglich schwer einordnen kann, weil sie anders sind. So erlebe ich immer wieder wertvolle Momente, in denen das „Du" und „Ich" zu einem kurzen „Wir" verschmelzen, bevor jeder wieder seines Weges geht, bereichert von der kurzen gemeinsamen Erfahrung.

Wir sind alle von Gott geschaffene Menschen, aber in unserer kulturellen Prägung eben ganz anders.

5. Gott spricht durch einen Fliesenboden

„Ich aber und meine Familie, wir
wollen dem Herrn dienen."
Josua 24,15

Seit einiger Zeit arbeite ich als Pflegefachfrau bei einem ambulanten Pflegedienst in unserer Stadt. Das heißt, wir gehen zu den Leuten nach Hause und unterstützen sie bei ihren verschiedenen gesundheitlichen Defiziten. Es ist immer wieder spannend, mit den Menschen in ihren eigenen vier Wänden zu arbeiten, denn anders als im Krankenhaus sind sie zu Hause ganz sie selbst und ich komme als Besucher zu ihnen. Ihre vier Wände spiegeln ihren Lebensstil wider, was ihnen wichtig ist und wie sie sich wohlfühlen.

Solche ambulanten Pflegedienste gab es auch im indischen Krankenhaus, in dem meine Freundin Margret und ich damals während unseres Praktikums arbeiteten. Wir durften die Pflegerinnen einige Tage begleiten und die indischen Wohnverhältnisse der unteren Kasten, das heißt der armen Leute, kennenlernen. Eine Begegnung hat mich nachhaltig geprägt und mich ins Nachdenken darüber gebracht, wie ich mit meinen täglichen

Sorgen umgehe. Es war einer der Momente in meinem Leben, in dem sich für mich der Himmel auftat und Gott sich mir offenbarte.

Man stelle sich ein kleines Häuschen aus Lehm mit Wellblechdach, einem Fenster und einer Tür vor. Das Häuschen war so groß wie bei uns ein durchschnittliches Zimmer in einem großzügig gebauten Haus. Es enthielt einen Raum mit einem Bett, einer Kochecke und ein paar Matratzen auf dem Boden. Was mir sofort ins Auge fiel: Der Boden war mit schönen gemusterten Fliesen belegt und so gar nicht typisch für dieses Haus; ich hätte einen Lehmboden erwartet. Dieses Ein-Zimmer-Haus beherbergte eine Familie mit drei Kindern. Der Mann war seit einigen Jahren bettlägerig und konnte nicht mehr gehen. Dass er zu diesem Zeitpunkt noch lebte, war für alle unverständlich, denn man hatte ihm eine viel kürzere Lebenserwartung vorausgesagt.

Mit dem Betreten des Hauses spürte ich sofort, dass „Gottes Friede, der all unser Verstehen übersteigt" (Philipper 4,7), in diesem Haus wohnt. Ich stelle mir vor, dass die Hohepriester zur Zeit des Alten Testaments so ähnlich empfanden, wenn sie ins Allerheiligste – in die Gegenwart Gottes – traten; erfüllt von seinem Licht, seiner Wahrheit und Liebe, Gottes Reinheit und Allmacht vor Augen.

Als ich mich auf den absolut glänzenden Fliesenboden setzte und in das Gesicht der Gastgeberin schaute, waren die Liebe und der Frieden dieses Hauses allgegenwärtig. Der Mann lag auf dem einzigen Bett im Raum und die Familie begann, uns ihre Geschichte zu erzählen.

Seitdem der Mann krank und gelähmt war, konnte er nicht mehr arbeiten. In Indien gibt es weder eine Invalidenrente noch sonst irgendeine Unterstützung für sozial Schwache, und so rutschten sie sehr schnell in die Armut ab. All die Jahre, in denen seine Krankheit den Mann ans Bett fesselte, war die Familie täglich auf die Versorgung Gottes angewiesen. Und zwar nicht wie bei uns im Westen mit der weich gespülten Wohlstandsvariante, sondern mit der knallharten existenziellen Tatsache: *„Unser tägliches Brot gib uns heute."* An den meisten Tagen stand die Mutter morgens auf und wusste noch nicht, wie sie ihre drei Kindern satt kriegen sollte. Während die Frau dies erzählte, strahlte sie mich an und erklärte freudig und vertrauensvoll, dass sie am Ende des Tages immer genug hatten, nie auf Vorrat, aber immer genug für den jeweiligen Tag. Als es darum ging, ihre Kinder einzuschulen, fehlte das Geld für Schuluniformen und Schulmaterial. Bis kurz vor Schulstart war nicht sicher, ob die Kinder überhaupt in die Schule gehen könnten. Die Eltern beteten und vertrauten Gott – mit dem Resultat, dass alle ihre Kinder pünktlich zum Schulanfang mit dabei sein konnten! Da wurde für mich die Bergpredigt von Jesus plötzlich lebendig:

„Darum sage ich euch: Macht euch keine Sorgen um euren Lebensunterhalt, um Nahrung und Kleidung! Bedeutet das Leben nicht mehr als Essen und Trinken, und ist der Mensch nicht wichtiger als seine Kleidung? Seht euch die Vögel an! Sie säen nichts, sie ernten nichts und sammeln auch keine Vorräte. Euer Vater im Himmel versorgt sie. Meint ihr nicht, dass ihr ihm viel wichtiger seid? Und wenn ihr euch noch so viel sorgt, könnt ihr doch euer Leben um keinen Augenblick verlängern. [...] Euer Vater im Himmel weiß doch genau, dass ihr dies alles braucht. Setzt euch zuerst für Gottes Reich ein und dafür, dass sein Wille geschieht. Dann wird er euch mit allem anderen versorgen. Deshalb sorgt euch nicht um morgen – der nächste Tag wird für sich selber sorgen! Es ist doch genug, wenn jeder Tag seine eigenen Schwierigkeiten mit sich bringt" (Matthäus 6,25–27.32–34).

Sorgt euch nicht um Essen, Trinken und Anziehen! Diese Familie erlebte das eins zu eins in ihrem Alltag. Sie waren in ihren menschlichen Möglichkeiten so beschränkt, die Grenzen ihrer Existenz ganz klar gezogen. Der Feind namens Hunger, Unsicherheit, Angst und Verzweiflung stand vor der Tür ihres Hauses. Aber dieses Ehepaar sagte ganz klar: *„Ich aber und meine Familie, wir wollen dem Herrn dienen"* (Josua 24,15). Und Gott war ihnen jeden Tag treu! Mit dieser Glaubenshaltung sprengten sie die Grenzen ihrer Realität täglich neu.

Die westliche Welt tendiert in gewissen Kreisen zum Wohlstandsevangelium und behilft sich mit Bibelversen, die besagen, dass Gott uns Leben im Überfluss geben will und dass materieller Reichtum der Beweis für Gottes Gunst ist, wenn wir denn ein Gott gefälliges Leben führen. Dort im indischen Slum traf ich eine Familie, die mit Gottes Geist erfüllt war und ihm seit Jahren diente. Weit und breit war nichts zu sehen von Wohlstand, aber jeder Winkel dieses ach so kleinen Hauses war durchtränkt mit dem Frieden Gottes. Gott holte sie nicht aus der Armut heraus, aber er war mitten unter ihnen!

Mich hat diese Begegnung gelehrt, dass Gott sich weder Wohlstand für uns wünscht noch ihn uns verspricht, sondern er wünscht sich unser Vertrauen und verspricht uns seine Fürsorge. In der Bergpredigt heißt es, dass Gott um unsere menschlichen Bedürfnisse weiß und er dafür sorgt. Er fordert uns aber auf, uns nicht ständig zu sorgen und nach mehr zu streben, sondern wir sollen zuerst nach seinem Reich trachten, das heißt seinen Willen tun, anderen Menschen mit Barmherzigkeit begegnen und seine Botschaft der Versöhnung leben. Um den Rest kümmert er sich, sodass wir gerade genug für jeden Tag haben. Jesus sagt, dass ich durch Sorgen mein Leben um keinen Tag verlängern kann; er will nicht, dass ich wie eine Superheldin alle Lasten auf meine Schultern lade, sondern er will, dass ich ihm meine leeren Hände entgegenstrecke und sie mir von ihm füllen lasse.

Und dann erzählte uns die Frau noch die Geschichte vom makellosen Fliesenboden. Der war ein stiller Wunsch des Mannes, denn wenn er aus dem Bett kroch, musste er auf den Armen robben und seinen Körper hinter sich herziehen. Das war auf einem schmutzigen Lehmboden sehr unangenehm. Gott sah seinen Wunsch und bewegte das Herz eines Menschen, der daraufhin zweckgebundenen Geld schenkte für einen neuen Boden! War das jetzt ein Wohlstandswunsch? Überflüssiger Schnickschnack? Hätten sie das Geld nicht besser gespart für ihre Kinder, für Lebensmittel? Nein, die Familie erkannte es als das, was es war: ein Liebesbeweis des himmlischen Vaters. Eine Ermutigung, die besagte: Ich sehe euch, ich habe euch nicht vergessen – ihr gehört zu mir, egal wie die Umstände sind!

Als die Frau uns am Schluss unseres Besuches bat, noch für sie und ihre Familie zu beten, kamen mir die Tränen. Ich fühlte mich in dem Moment so arm – trotz meines schweizerisch-mittelständischen Wohlstands. Was könnte ich geben, wofür beten, was diese Familie nicht schon längst erkannt und in Anspruch genommen hätte? Unter einem Wellblechdach und auf einem

Jesus will nicht, dass ich wie eine Superheldin alle Lasten auf meine Schultern lade, sondern ich darf ihm meine leeren Hände entgegenstrecken und sie mir von ihm füllen lassen.

glänzenden Boden sitzend, erlebte ich ein Stück Himmel auf Erden. Während wir sie segneten, wusste ich: Diese Begegnung werde ich in meinem Herzen bewahren.

Existenzielle Sorgen kannte ich in meinen jungen ungebundenen Jahren nicht. Ich hatte genug Geld für mich zur Verfügung und bestimmte selbstständig darüber, wie ich es ausgeben wollte. Erst seit ich verheiratet bin und drei Kinder habe, kenne ich das Gefühl der engen Begrenzung, wenn Mitte des Monats plötzlich kein Geld mehr da ist. Schnell kommen da bei mir Gefühle des Zu-kurz-Kommens oder der Unzufriedenheit auf. Mein Blick hat dann die Tendenz, ganz eng und beschränkt zu werden. Die Sorgen lassen meine Gedanken im Kreis drehen und werden zu einer Grenze, die mich einengen will. Ich schaue dann in Nachbars Garten, wo das Gras viel grüner ist, und beginne mich zu fragen, weshalb eigentlich „alle" mehr haben als wir. Mein Mann, von einem unerschütterlichen Vertrauen in Gott beseelt, lässt sich in solchen Momenten nicht aus der Ruhe bringen und erinnert mich stets daran, was auf dem Schweizer Fünffrankenstück steht: „Dominus providebit – Gott wird versorgen"! Und nicht selten lässt Gott mich gedanklich wieder unter dem Wellblechdach auf dem Fliesenboden sitzen, um mich daran zu erinnern, dass er mir nie Reichtum versprochen hat, mir aber zusagt, mich mit allem zu versorgen, das ich brauche!

Die Lektion in Indien lehrte mich, dass das beste Mittel gegen Unzufriedenheit und Sorgen *Danken und Vertrauen* ist. Ich danke Gott dafür, was er schon alles in meinem Leben bewegt hat. Und ich vertraue darauf, dass er bei mir ist, egal wie die Umstände sind, denn er sorgt für mich! Diese Einstellung

Gott hat mir nie Reichtum versprochen, aber mir zugesagt, mich mit allem zu versorgen, das ich brauche!

lässt meinen Blick in die Ferne schweifen, über die Grenzen meiner täglichen Sorgen hinaus, an den Horizont von Gottes unbeschränkten Möglichkeiten.

6. „Friends forever" – umarmen und loslassen

„Freundinnen sind wie Schuhe: Wenn man jung ist, kann man nicht genug davon haben; später stellt man fest, dass es immer die Gleichen sind, mit denen man sich wohlfühlt."
Marion Kühl

Eine meiner Lieblingsserien heißt „Friends". Ich habe alle zehn Staffeln schon mehrmals gesehen. Ich kenne die Handlung und die humorvollen Pointen bis ins Detail und muss trotzdem immer wieder lachen, wenn ich sie mir zum x-ten Mal anschaue. In der Serie geht es um sechs Freunde, die in New York leben und arbeiten. Über die Jahre wohnen sie in verschiedenen Formationen zusammen, aber immer entweder im gleichen Gebäude oder gleich nebenan. Sie verbringen praktisch ihre ganze Freizeit zusammen, kennen sich mit der Zeit in- und auswendig. Ihre Charaktere sind total verschieden und doch passen sie irgendwie in die Gruppe und haben dort ihren Platz. Die sechs Freunde können sich überhaupt nicht vorstellen, dass sie einmal nicht mehr so eng zusammenleben würden.

Genauso wie bei „Friends" stellte ich mir Freundschaften vor: Sie werden geknüpft und dann bleiben die wirklich guten ein Leben lang bestehen. Sie bleiben aber nicht nur bestehen, sondern sind immer genau so, wie sie in den besten Jahren waren: nämlich intensiv, nahe und unzertrennlich. Es wird alles geteilt, zusammen gelacht, gestritten, geweint und versöhnt.

Meine früheste Freundschaft, die bis auf den heutigen Tag besteht, hat mich vieles über Freundschaft gelehrt. Ich lernte Steffi in der fünften Klasse beim Übertritt in die weiterführende Schule kennen. Auf der Schwelle zu den ersten schwierigen Jahren meines Lebens sah ich das schüchterne Mädchen mit den ellenlangen Zöpfen zum ersten Mal. Sofort fühlte ich mich zu ihr hingezogen. Gerne wäre ich ihre Sitznachbarin geworden. Dieser Wunsch erfüllte sich erst im letzten gemeinsamen Schuljahr, aber die Freundschaft entwickelte sich schon früher. In der Zeit, in der ich schulisch Mühe hatte, mich oft unsicher und von anderen abgelehnt fühlte, war Steffi für mich die Person, bei der ich einfach ich selber sein konnte. Wir erlebten viel zusammen und unterhielten uns über alles. Für mich war klar: Das bleibt für immer so!

Als ich meine Ausbildung zur Pflegefachfrau begann, kamen vier weitere Freundinnen dazu. Mit Katja, Helene, Margret und Sara verband mich einerseits die gemeinsame Ausbildung und die Zeit in der Berufsschule, andererseits aber auch die Tatsache, dass wir alle an Jesus glaubten und ähnliche Interessen hatten. Wir lebten in verschiedenen Konstellationen zusammen, sei es im Schwesternwohnheim oder in Wohngemeinschaften. So begann unsere eigene Staffel von „Friends". Das Schönste für mich war, dass Steffi sich in diese Gruppe integrierte und bis auf den heutigen Tag auch noch Kontakt zu zwei meiner Freundinnen hat. Mein Glück war perfekt! Ich sah bereits innere Bilder vor mir, wie wir später einmal mit unseren Männern und Kindern die Sonntage zusammen verbringen und unzertrennlich alle Zeiten überdauern würden. Ich hätte alles gerne genau so beibehalten, wie es während dieser intensiven Ausbildungsjahre war. Ich umarmte das Leben mitsamt meinen Freundinnen und hatte nicht vor, sie jemals wieder loszulassen.

Aus dieser Zeit bewahre ich unauslöschliche Erinnerungen in meinem Herzen. Im ersten Urlaub ohne meine Eltern machten Steffi und ich uns als naive siebzehnjährige Teenies mit Zug und Zelt auf in die Sonnenstube der Schweiz – ins Tessin. Unsere Rucksäcke waren so schwer, dass wir sie fast nicht tragen konnten.

> **Ich umarmte das Leben mitsamt meinen Freundinnen und hatte nicht vor, sie jemals wieder loszulassen.**

Das Zelt, von Freunden ausgeliehen, wurde uns beim Aufstellen zu einem Buch mit sieben Siegeln. Wir konnten es einfach nicht richtig aufbauen. Irgendwann gaben wir auf und dachten: „Was soll's! Wir sind im Süden und somit in der Sonne! Was macht es da schon aus, wenn das Außenzelt das Innenzelt berührt? Es wird ja eh nicht regnen." Was soll ich sagen? Während unseres mehrtägigen Campingausfluges regnete es ohne Unterlass! Nachts tropfte es ins Zelt, nämlich überall dort, wo das Außenzelt das Innenzelt berührte. Alle nächtlichen Rettungsaktionen waren vergeblich.

Mit Sara verband mich die gemeinsame Gabe der Kreativität. In den vielen teilweise langweiligen Unterrichtsstunden gestalteten wir oftmals ein Parallelprogramm nur für uns beide. Albert Einstein formulierte einmal: „Kreativität ist Intelligenz, die Spaß hat." Immer dann, wenn unsere Intelligenz nicht mit dem Unterrichtsstoff gefördert wurde, begann Sara zu zeichnen und ich zu schreiben. So entstanden ganze Comichefte und diverse illustrierte Geschichten.

Es gibt zahlreiche solche Erinnerungen, die mich mit teils warmen, teils amüsierten Gefühlen auf unsere „Friends"-Jahre zurückblicken lassen. Auch wir waren alle verschieden, und trotzdem passten wir zusammen. Meine Freundinnen kannten meine Stärken und meine Macken. Sie wussten um die lästige Angewohnheit, meine Teetassen immer mit einem Rest Tee herumstehen zu lassen, oder um meine Neigung, Dinge einfach herumliegen zu lassen und sie nicht wegzuräumen.

Irgendwann begriff ich aber, dass unsere Freundschaften nicht für immer auf diese Art bestehen bleiben würden. Passend dazu schreibt Salomo im Predigerbuch:

„Jedes Ereignis, alles auf der Welt hat seine Zeit: Geborenwerden und Sterben, Pflanzen und Ausreißen, Töten und Heilen, Niederreißen und Aufbauen, Weinen und Lachen, Klagen und Tanzen, Steinewerfen und Steinesammeln, **Umarmen und Loslassen,** *Suchen und Finden, Aufbewahren und Wegwerfen, Zerreißen und Zusammennähen, Schweigen und Reden, Lieben und Hassen, Krieg und Frieden" (Prediger 3,1–8).*

Das Wort, das in diesem Bibeltext immer wiederholt wird, ist „und". Dieses Wort kündet etwas Kommendes an, die Geschichte geht weiter, erzählt von mehr. Das „und" kommt mir vor wie Klebstoff, der zwei Worte oder Sätze zusammenhält. Ohne dieses Wort würde der Satz abgehackt, nicht fließend wirken. Manchmal wäre der Sachverhalt eines Satzes ohne dieses Wort viel einfacher. Salomo hat es im Buch des Predigers auf den Punkt gebracht: Alles hat seine von Gott gegebene Zeit, es folgt immer ein „und", wenn eine Zeit zu Ende geht. Wie gerne nähme ich nur den schönen Teil vor dem „und": das Lachen, Einpflanzen, Reden, Tanzen *und* das Sich-Umarmen!

In der zehnten Staffel der „Friends"-Serie kommt es genau zu einem solchen *Und*. Die Freunde, inzwischen verheiratet oder schon mit Familie, mussten sich trennen. Ein neues Kapitel ihres Lebens begann. Die Serie nahm dort ihr Ende, aber ich stellte mir vor, wie sie sich trotzdem hin und wieder trafen, einander aus ihrem Leben erzählten und sich über alte Zeiten austauschten. Aber eben nicht mehr in dieser Regelmäßigkeit oder Intensität. Sie mussten einander loslassen, damit jeder seines Weges ziehen konnte.

Bei uns Freundinnen begann das Loslassen mit arbeitsbedingten Wegzügen. Zuerst zog Steffi weg. Sie ging erst ans andere Ende der Schweiz, später dann ins Ausland, lernte neue Leute kennen und knüpfte Freundschaften. Plötzlich erlebte Steffi, mit der ich doch immer alles zusammen geteilt hatte, andere Dinge als ich. Meine langjährige Freundin entwickelte ihre Persönlichkeit weiter, ohne dass ich dabei war. Ich kann mich gut erinnern, wie ich diese Tatsache anfänglich als Bedrohung erlebte. Ich fühlte mich ihr manchmal so fern, dass ich mir sicher war, diese Freundschaft würde nicht überleben. Ich hatte Angst, Steffi als Freundin zu verlieren. Die sicheren Grenzen unserer Freundschaft wurden ausgeweitet. Ich musste bereit sein, den geliebten Menschen ziehen zu lassen, im Vertrauen darauf, dass ihre Erlebnisse während der vielen Jahre im Ausland und meine Erlebnisse in der Schweiz uns nicht voneinander entfremden, sondern unsere Freundschaft bereichern würden.

Nach dem Abschluss unserer Ausbildung zur Pflegefachfrau zog es auch uns fünf verbleibende Freundinnen jede in eine andere Richtung. Wir alle wollten unser eigenes, uns zur Verfügung stehendes „Lebens-Land" erkunden und in Besitz nehmen. Jede von uns nahm ihr Leben in die Hand und begann es zu formen, so wie wir den Eindruck hatten, dass es Gott gefiel.

Im Buch Prediger schreibt Salomo auch, dass es keinen Sinn ergibt, sich gegen den göttlichen Lauf der Dinge zu stemmen oder sich darüber aufzuregen: *„Für alles auf der Welt hat Gott schon vorher die rechte Zeit bestimmt. In das Herz des Menschen hat er den Wunsch gelegt, nach dem zu fragen, was ewig ist. Aber der Mensch kann Gottes Werke nie voll und ganz begreifen"* *(Prediger 3,11)*. So scheint mir dieser tiefe, innige Wunsch nach immer gleichbleibender Nähe zu meinen Freundinnen ein solcher Versuch, etwas ewig festzuhalten. Doch durch die sich verändernde Beziehung zu meinen Freundinnen habe ich lernen dürfen, dass ich das, was ich liebe, loslassen muss. Denn durch den Versuch, krampfhaft in der Umarmung zu verharren, habe ich die Hände nicht mehr frei, um das sich verändernde Leben zu umarmen und ein Ja dazu zu finden. Sonst erstarre ich in der Vergangenheit und merke nicht, dass das, was ich an mich binden will, schon lange weitergezogen ist.

Dank dieses Lernprozesses sind wir trotz Distanz und verschiedener Lebensumstände bis zum heutigen Tag Freundinnen geblieben, zwar nicht mehr gleich intensiv, aber immer noch gleich herzlich! Mit einigen Freundinnen treffe ich mich regelmäßig, mit anderen eher selten. Doch einmal im

Das, was ich liebe, muss ich loslassen. Sonst habe ich die Hände nicht mehr frei, um das sich verändernde Leben zu umarmen und ein Ja dazu zu finden.

Jahr lassen wir eine Episode „Friends" bei uns aufleben und treffen uns für ein Wochenende in einem Ferienhaus. Dieses Beisammensein empfinde ich immer so, als hätten wir unsere intensive Ausbildungszeit erst gestern und nicht vor mehr als einem Jahrzehnt abgeschlossen. In solchen Momenten wird mein Traum von „für immer und ewig" für kurze Zeit wahr und meine Seele tankt viele kostbare Momente auf. Tiefe oder lustige Gespräche, Austausch und Anteilnahme, zusammen spielen und essen – all das macht diese zwei Tage im Jahr zu einem kostbaren Schatz.

Und weil das Leben ein Prozess und kein Zustand ist, kommt auch am Sonntag dieses Wochenendes wieder der Moment des Loslassens. Inzwischen mache ich mich nicht mehr mit Bedauern über diese, wie mir scheint, zu kurze Zeit des Zusammenseins auf den Heimweg. Im Gegenteil, ich kehre mit Dankbarkeit für die gemeinsame Zeit und gestärkt für meinen Alltag zu meiner Familie zurück.

„Umarmen und loslassen" ist nicht nur eine Lektion, die ich mit meinen Freundinnen gelernt habe, sondern auch mit meiner Familie. Alle Jahre wieder dürfen wir im Sommer meine Schwiegereltern aus Peru willkommen heißen; das ist eine riesige Freude für unsere Kinder und für uns Erwachsene. Einmal im Jahr erleben wir eine geballte Ladung elterlicher-großelterliche Liebe und Aufmerksamkeit, bevor sie dann wieder für ein weiteres Jahr in ein Flugzeug nach Peru steigen. Auch meine Schwester lebt mit ihrer Familie im Ausland. Ich sehe sie nur einmal im Jahr, meistens auch im Sommer. Und so geht es in den Sommermonaten für unsere Familie nicht nur klimatisch, sondern auch emotional heiß her. Die Zeit vergeht dann wie im Flug und die Sommerferien gehen nicht nur schnell, sondern in Lichtgeschwindigkeit zu Ende.

Wir möchten immer möglichst viel Zeit zusammen verbringen und die gemeinsamen Momente und Erlebnisse umarmen, damit sie uns noch lange in Erinnerung bleiben. Doch jedes Jahr kommt der Tag des Abschiednehmens. Das ist dann der Moment der Tränen, des Verlustgefühls, des Wunsches, dass es doch anders wäre. Ich weiß dann zwar, dass das Umarmen vorbei ist. Trotzdem möchte ich mich festklammern. Doch irgendwann akzeptiere ich, dass es an der Zeit ist, mich aus der Umarmung zu lösen.

Abschied nehmen hat für mich viel mit Vertrauen zu tun. Vertrauen in das Leben, dass es auch wieder ein Umarmen geben wird, Vertrauen in Gott, dass er die Lücke, die entsteht, ausfüllt und Trost spendet. Vertrauen in die Beziehung, dass sie der Distanz standhält und trotz der Entfernung an Nähe gewinnt. Jedes Jahr muss ich mich aufs Neue für dieses Vertrauen entscheiden und dafür, dass Loslassen kein Verlust ist, sondern ein Gewinn. *Und* ich mache die Erfahrung, dass nur durch das Loslassen die Arme frei werden – frei für eine neuerliche Umarmung.

Hilfreich fand ich in diesem Zusammenhang – zugegebenermaßen erst nach längerem Überlegen – weitere Verse aus Salomos Predigerbuch:

„So kam ich zu dem Schluss, dass es für den Menschen nichts Besseres gibt, als fröhlich zu sein und das Leben zu genießen. Wenn er zu essen und zu trinken hat und sich über die Früchte seiner Arbeit freuen kann, ist das Gottes Geschenk. Ich begriff, dass Gottes Werk für immer bestehen wird. Niemand kann etwas hinzufügen oder wegnehmen. So hat Gott es eingerichtet, damit die Menschen Ehrfurcht vor ihm haben" (Prediger 3,12–14).

Als ich diesen Abschnitt zum ersten Mal las, klang er für mich ein bisschen sehr fatalistisch. Was meinte Salomo damit? Soll ich mich dem Schicksal ergeben und tatenlos zusehen, wie sich die Welt dreht? Oder denkt Salomo ganz egoistisch, so nach dem Motto: „Hauptsache, mir geht's gut!"?

Schlussendlich kam ich zur Überzeugung, dass uns Salomo ermutigt, in der Gegenwart zu leben. Wenn es so ist, dass alles seine Zeit hat und ich mit meinen Sorgen weder etwas hinzufügen noch wegnehmen kann, dann bin ich aufgefordert, die aktuelle Lebensphase zu bejahen. Wenn ich also gerade in einer Phase des Umarmens bin, dann soll ich dies mit ganzem Herzen tun und genießen. Wenn sich dann aber das Loslassen ankündigt, dann bin ich genauso aufgefordert, dies zu akzeptieren und als Teil des Lebens zu sehen. Ich bin keine unverwundbare, ewig lebende Superheldin und meine Lebenszeit ist begrenzt. Mit dieser Einstellung wird mein Blick plötzlich weit, denn ich nehme nichts als für „immer" gegeben. Ich akzeptiere, dass nichts auf dieser Welt ewig dauert und dass immer irgendwann ein „und" kommt: die Zeit für Veränderung, eine neue Phase, ein „Ja" zum Loslassen.

Alles hat seine Zeit und ich kann mit meinen Sorgen weder etwas hinzufügen noch wegnehmen. Deshalb bin ich aufgefordert, die aktuelle Lebensphase zu bejahen.

„Alles hat seine Zeit." Mit den Augen Salomos betrachtet sind die Grenzen „Veränderungen" dann nicht mehr bedrohlich, sondern sie machen mich dankbar für das, was ich habe, und lassen mich vertrauensvoll loslassen!

7. Mein Traumprinz – ein Pfarrerssohn?

„Erstens kommt es anders, und zweitens als man denkt."
Volksmund

Mit dem Traumprinzen im Leben eines jungen Mädchens ist es so eine Sache. Es wird so viel vom Traumprinzen geträumt, dass er plötzlich im Kopf und im Herzen ganz real wird. Der Traumprinz existiert in der Fantasie so detailgetreu, dass das Gehirn irgendwann davon überzeugt ist, es gäbe diesen Mann genau so, „nur für mich, genau nach meinen Vorstellungen".

Wenn ich heute in der seelsorgerlichen Beratung jungen Frauen zuhöre, wie sie sich ihren zukünftigen Partner vorstellen, dann muss ich innerlich schmunzeln, bin aber gleichzeitig auch ein wenig besorgt. Viele scheinen nicht zu merken, wie unrealistisch ihr Bild eines Mannes ist. Ihr Zukünftiger sollte eine „Eierlegende Wollmilchsau" sein, das heißt einfühlsam und männlich, tiefgründig-nachdenklich, aber auch unterhaltsam-extrovertiert. Er muss seinen Mann stehen können, während er gleichzeitig der Frau alle Wünsche von den Augen abliest, dazu das Bad putzt und Socken faltet. Er muss eben perfekt sein!

Ich versuchte einmal während eines Gesprächs mit einer jungen Frau, ihr Männerbild ein wenig zu hinterfragen, war aber darin erfolglos, weil sie im Brustton der Überzeugung meinte: „Ja, aber *du* hast doch genau so einen Mann für dich gefunden, oder?!" – „Ähm ... na klar ... nun ja ..." Wenn sie wüsste ...

Ich unterschied mich in früheren Jahren tatsächlich kaum von den heutigen jungen Frauen. Auch ich hatte eine innerlich abgespeicherte Liste mit allen Attributen meines Traumprinzen. Da war unter anderem auch „notiert", dass er älter sein müsste als ich, denn das sprach für Reife und Verantwortung. Er sollte gut aussehen, wobei ich da einen sehr flexiblen Geschmack hatte. Ich legte mich nicht auf blonde oder dunkle Haare fest. Doch er sollte ein richtig begeisterter Jesusnachfolger sein und leidenschaftlich für Gott leben. Aber unter keinen Umständen durfte mein Traumprinz ein Pfarrerssohn sein! Warum? Ich hatte ein inneres Bild vor Augen von Pfarrerssöhnen, die von Gott nichts mehr wissen wollten, oder das Gegenteil: die selber den Pfarrersdienst ausübten! Mich würde das ja dann zwangsläufig zur Pfarrersfrau machen. Als Konsequenz müsste ich dann entweder im Kindergottesdienst biblische Geschichten erzählen oder bei Veranstaltungen für Senioren Klavier spielen. Für mich kaum vorstellbar.

Wenn ich mich heute an meine Traumprinzenliste erinnere, bin ich versucht, schnell an etwas anderes zu denken. Sie ist so voller demütigender Vorurteile. Aber leider genau dieses Bild hatte ich in mir! Es half auch nicht, dass unsere Pfarrersfrau mir ein großes Vorbild und zugleich meine Mentorin war. Irgendwie war es meiner Fantasie egal, wie die Realität um mich herum aussah. Ich schwärmte in meinen Teenagerjahren für viele Jungs, war ein oder zwei Mal verliebt und pflegte mit

> **Unter keinen Umständen durfte mein Traumprinz ein Pfarrerssohn sein!**

fünfzehn Jahren eine kurze, unschuldige Beziehung, aber aus all dem wurde nie etwas Ernsthaftes. Gleichzeitig war in all diesen Jahren meines Erwachsenwerdens Stefan da. Er war unser Nachbar, ging in dieselbe Jugendgruppe wie ich, nahm an denselben Freizeiten teil, war manchmal wie ein Clown, manchmal wie eine Nervensäge – und er war der Sohn unseres Pfarrers.

Unsere erste Begegnung hatten wir, als er elf und ich dreizehn Jahre alt war (man beachte den Altersunterschied!). Frisch aus dem peruanischen Dschungel importiert, zogen er und seine Familie in eine Wohnung in unserem Wohnblock. Ich kann mich noch gut daran erinnern, als die Neuzugezogenen das erste Mal bei uns am Mittagstisch saßen und ich Stefan und seine Schwester mit spanischem Akzent Schweizerdeutsch sprechen hörte. Zu diesem Zeitpunkt war der Kontakt zu ihnen so spannend für mich wie ein exotischer Papagei aus dem Amazonasgebiet. Diese Pfarrersfamilie war in meinen schwärmerischen Teenageraugen das pure Gegenteil unseres normalen „spießigen" Lebens!

Mit dreizehn Jahren fühlte ich mich natürlich schon ganz schön erwachsen und empfand Stefan einfach als Kind. Als jedoch mein zwanzigster Geburtstag vorbei war, realisierte ich irgendwann, dass auch mein junger Nachbar nun erwachsen war. Unsere Beziehung entwickelte sich zu einer platonischen Freundschaft. Wir waren beide felsenfest davon überzeugt, dass dies als Mann und Frau möglich sei. Immer öfter verbrachten wir Zeit zusammen – rein platonisch natürlich! Und überhaupt: Er passte als jüngerer Mann und Sohn eines Pfarrers ja sowieso nicht in mein Traumprinzenschema. Da zog ich ganz klare Grenzen und ich war keinesfalls bereit, diese zu überschreiten! So gesehen war ich auf der sicheren Seite mit Stefan, zumal auch er, wenn er an seine Traumfrau dachte, eher eine temperamentvolle Latinafrau mit wallendem schwarzen Haar vor sich sah. Da war ich die exakte Antithese!

So führte ich während einer gemeinsamen Shoppingtour das kribbelnde Gefühl in der Magengegend darauf zurück, dass ich es eben nicht gewohnt war, mit einem Mann durch die Läden zu schlendern. Ich dachte mir auch nichts dabei, als mir Stefan für meinen zweimonatigen Indienaufenthalt ein Paket mit kleinen Briefen gab – für jeden Tag einen. Für jeden Tag – zwei Monate lang! Im Nachhinein betrachtet ist ganz klar: Der Pfarrerssohn warb um mich und ich schwärmte für ihn. Aber weder er noch ich merkten es oder ahnten, was noch kommen könnte! Wir gaben uns immer noch der sicheren Illusion einer platonischen Freundschaft hin.

Während mein Umfeld schon lange fragend die Augenbrauen hob, wenn ich von Stefan erzählte, war für mich eine komisch-tragische Situation der Weckruf. Mein zukünftiger Prinz ritt nicht auf einem Pferd durch die Gegend, sondern mit dem Snowboard über die Pisten. Da Pisten für ihn aber viel zu langweilig waren, brauchte er größere Herausforderungen.

> **Der Pfarrerssohn warb um mich und ich schwärmte für ihn. Aber weder er noch ich merkten es oder ahnten, was noch kommen könnte!**

Die fand er in Form von Pulverschnee und Halfpipes. An einem schönen Wintertag wurden sie ihm allerdings zum Verhängnis. Mit dem Snowboard beim Landen verkantet, fiel Stefan kopfüber hart in den Schnee und holte sich – Helm sei Dank – „nur" eine massive Gehirnerschütterung. Die war dann aber so besorgniserregend, dass er zur Überwachung auf die Intensivstation im Krankenhaus verlegt wurde.

Ich war zu diesem Zeitpunkt Pflegefachfrau im vierten Lehrjahr und hatte am folgenden Tag Dienst in der Frühschicht. Da erreichte mich ein Anruf aus der Intensivstation mit der Aufforderung, einen Patienten zur Verlegung abzuholen. Als sie mir den für mich allzu bekannten Namen des Kranken nannten, begann mein Herz verrückt zu spielen. Mit schweißnassen Händen, rasendem Puls und wackligen Knien machte ich mich auf den Weg. Stefan wurde zu meinem Patienten auf meiner Station, und während ich ihn überwachte, ihm Puls und Blutdruck maß, litt mein eigenes Herz unter Rhythmusstörungen!

Bis wir beide zu unserem „Und-wenn-sie-nicht-gestorben-sind-dann-leben-sie-noch-heute"-Ende kamen, dauerte es jedoch noch ein paar Monate. Denn jetzt begann für mich der Kampf „Traumprinz" gegen „Realitätsprinz". Dieser Kampf war hart und unerbittlich! Drei Monate lang hatte ich Zeit, um mir klar zu werden, was ich wollte. Drei Monate, in denen wir uns fast nie sahen und in denen jeder von uns in sich ging. Was sollte ich jetzt machen mit diesem jüngeren Pfarrerssohn, der nicht unbedingt vor Reife und Verantwortungsgefühl strotzte, sondern jung und abenteuerlustig war? Einerseits zog mich seine Andersartigkeit magisch an, gleichzeitig schreckte ich aber davor zurück. War das nicht ein zu großes Risiko? Ich liebte zu diesem Zeitpunkt mein Leben als Single, meine Selbstständigkeit, meine Unabhängigkeit – dass ich machen konnte, was ich wollte. Während dieser Zeit der Entscheidungsfindung schrieb ich in mein Tagebuch:

„Ich sehe viele Frauen um mich herum, die ihre Identität in ihrem Freund suchen, sich völlig abkapseln und sich nur an ihn binden. Das ist für mich Schwäche und Unvermögen, selber durchs Leben zu gehen. Solche Beobachtungen sind eine Bestätigung in meinem ‚Single-Dasein'. Ich genieße meine Freiheit, Unabhängigkeit und Selbstständigkeit. Ich will mich doch zuerst als ICH, als Frau, entfalten und Gott an mir arbeiten lassen, bevor ich mich auf eine Beziehung einlasse."

Als ich das meiner Freundin Steffi erzählte, meinte sie, dass ich in dem Fall zuerst perfekt werden wolle, bevor ich bereit sei, eine Beziehung einzugehen. Da mussten wir beide lachen. Mit dieser Einstellung werde ich wohl noch im Altersheim meine liebe Mühe haben! Wer ist schon jemals perfekt?

Genau darum ging es: um die perfekte Vorstellung in meinem Kopf. Lange Zeit merkte ich nicht, wie mich diese Festlegungen einengten. Es war mir, als stünde ich an einer Grenzmauer, einer Mauer, die ich mir selber errichtet hatte. Dahinter lag unbekanntes Land. Es würde ein Risiko bedeuten, die Mauer niederzureißen und das Neuland zu betreten. Doch jenseits der Mauer könnte ich Glück entdecken, vielleicht würde ich aber auch an einer Niederlage scheitern. Es schien mir zeitweise sicherer zu sein, genau dort stehen zu bleiben, wo ich war, nämlich auf dem Boden meiner eigenen Vorstellungen, meiner Vorurteile und meiner perfekten Träume.

Während der drei Monate, die Stefan und ich uns gaben, um zu einer Entscheidung zu gelangen, musste ich Stein für Stein dieser „Mauer meiner Festlegungen" abtragen. Dies geschah durch Nachdenken und Beten, aber auch ganz stark durch den Austausch mit lieben Menschen. Da erkannte ich, dass es in dieser Situation nötig war, meine Grenze zu erweitern. Mir wurde bewusst, dass meine eigenen festgefahrenen Vorstellungen über eine perfekte Beziehung mit dem Traumprinzen nicht lebensfördernd waren. Im Gegenteil, sie behinderten mein Leben. Hätte ich es nicht damals in diesen drei Monaten erkannt, so wäre ich später wahrscheinlich immer wieder an dieselbe Mauer gestoßen – denn wer ist schon perfekt wie eine Superheldin oder ein Superheld?

Irgendwann hatte ich genug Mauersteine entfernt, dass ich mutig darüberklettern konnte. Diesen Schritt ins neue Land musste ich allein, aktiv und eigenverantwortlich wagen. Niemand konnte mir diesen ersten Schritt ins Unbekannte abnehmen. Ich musste mir selber eingestehen, dass ich mit meinem „Ja" zu dieser Beziehung ein Risiko einging. Gleichzeitig kam ich aber zur Erkenntnis, dass es den Versuch absolut wert war. Denn was wäre, wenn ich tatsächlich den Mann meines Lebens und somit meinen realitätsadaptierten Prinzen fände? Ich sagte also „Ja" zu einem Wagnis, auch wenn das zwangsläufig bedeutete, „Ja" zu einem möglichen Scheitern zu finden.

Und so darf ich nun den Satz schreiben, mit dem alle romantischen Märchen enden: „Und wenn sie nicht gestorben sind, so leben sie noch heute." Wir leben noch heute, nach vierzehn Ehejahren, glücklich zusammen samt unseren drei Kindern. Mein Mann ist tatsächlich Pfarrer geworden und lebt leidenschaftlich in seiner Berufung. Und ich? Ich erzähle weder biblische Geschichten im Kindergottesdienst, noch spiele ich Klavier bei Veranstaltungen für Senioren. Ich darf selbstständig und frei *meine* Berufung leben. Stefan und ich sind gemeinsam unterwegs, ein jeder mit seinen Begabungen. Unser Leben ist kein Märchen, es gibt oft schöne, aber manchmal auch harte Realitäten. Mein Mann ist nicht mein Traumprinz, weil er allen fantastischen Attributen meiner damaligen Traumwelt entspricht, sondern er ist mein Traummann, weil er mir immer treu war und weil ich nach all diesen Jahren immer noch die Einzige für ihn bin.

8. Nähe leben und Raum lassen

> „Wenn ihr einander nah seid, soll dennoch etwas Raum zwischen euch bleiben, in dem die Winde des Himmels tanzen können. Liebt einander, aber hütet euch davor, aus eurer Liebe eine Fessel zu machen."
> *Khalil Gibran*

Nun hatte ich ihn – meinen Traummann, in guten und in schlechten Zeiten, in Gesundheit und in Krankheit! Das Abenteuer „gemeinsames Leben" konnte im September 2004 beginnen! Bis zu diesem Zeitpunkt wussten Stefan und ich zwar, dass wir verschieden sind. Keiner von uns beiden hätte jedoch gedacht, was das für Auswirkungen auf unser Zusammenleben haben würde. Während die Andersartigkeit in der ersten Zeit unserer Beziehung exotisch und aufregend war, wurde sie im Ehealltag schnell mal zum Stein des Anstoßes.

Stefan, mit seinem großen, leidenschaftlichen Herz für Teenager, war mit vielen jungen Leuten unterwegs. Er nannte sie Freunde und war aktiver Jugend- und Hauskreisleiter in der Gemeinde. Stefan zog die Identität suchenden Teenies an wie das Licht die Motten, denn er hat eine spezielle Gabe: einer von ihnen zu sein und trotzdem als großes Vorbild voranzugehen. Mit Stefan konnte man Pferde stehlen, ohne erwischt zu werden, und gleichzeitig bekam man durch ihn ganz viele gute Werte fürs Leben mit. Mich faszinierte diese Kombination und ich wollte auch ein solches Vorbild für junge Menschen sein. Zusammen starteten wir einen Hauskreis für Teenager. Das war aber nicht genug! Stefan hätte auch am liebsten jede Minute seiner Freizeit – unserer gemeinsamen Zeit – mit den jungen Leuten verbracht. Ich konnte da nicht mithalten und fühlte mich oft außen vorgelassen. Ich wollte weder an der Brücke hängend im Fluss surfen noch auf dem Snowboard mit einem Auto über den winterlichen Militärflugplatz gezogen werden. Ich wünschte mir Freunde in unserem Alter und sah die Treffen mit den Teenies als eine „Aufgabe" an, als einen Teil unserer Freizeit, begrenzt auf ein paar Stunden.

Ein weiterer Aspekt unserer Unterschiedlichkeit war Stefans Sportlichkeit und meine Bewegungsfaulheit. Ganz nach dem Motto „Klar mache ich gerne Sport, deshalb mache ich ihn auch so selten – es soll ja was Besonderes bleiben!" nahm ich mir immer mal wieder etwas vor und gab nach kurzer Zeit auf. Mein Mann, der zielstrebige Gipfelstürmer, bot sich anfangs unserer Ehe an, mein persönlicher Fitnesscoach zu sein. Er war hochgradig motiviert. Etwas von dieser Motivation schien auf mich überzuspringen, denn ich willigte ein, mit ihm zu joggen. Heute weiß ich, dass ich oft genau so lange motiviert bleibe, bis es mich das erste Mal etwas kostet. Sobald es in sportlichen Belangen ans Durchbeißen geht, dann ist der ideale Zeitpunkt für mich, alles hinzuschmeißen und wieder das zu machen, was ich lieber tue – ein Buch lesen zum Beispiel. Mein geliebter „Personal Trainer" legte ein paar Regeln fest. Dazu gehörte auch, dass wir joggten,

„Klar mache ich gerne Sport, deshalb mache ich ihn auch so selten – es soll ja was Besonderes bleiben!"

egal welches Wetter herrschte. Regen, Hagel, Schnee – es gibt kein schlechtes Wetter, es gibt nur schlechte Kleidung! Verliebt, wie ich war, voller Eifer, meinem Frischangetrauten zu gefallen, und vom Wunsch getrieben, möglichst viele Gemeinsamkeiten zu haben, joggte ich also los mit ihm.

Eine Begebenheit hat sich unauslöschlich in mein Gedächtnis eingeprägt. Während ich nach zwei Kilometern Joggen kurz vor dem Herz-Kreislauf-Stillstand war, mit hochrotem Kopf und zitternden Knie kraftlos auf eine Bank niedersinken wollte, war seine Pulsfrequenz nur leicht erhöht und seine Atmung ging ruhig, als hätte er gerade eine entspannende Massage hinter sich. Dann forderte er mich auf, mich zu dehnen. Dabei rühmte er mich für meinen Erfolg. Während ich mich dehnte und versuchte, wieder so weit zu Atem zu kommen, dass ich mehr als nur Ein-Wort-Sätze hervorbringen konnte, stellte ich plötzlich fest, dass Stefan sich nicht dehnte. Als ich ihn fragte, weshalb er sich denn nicht dehne, meinte er nonchalant: „Weißt du, man sollte sich nie dehnen, wenn die Muskeln noch nicht richtig warm sind." In dem Moment hätte ich ihn erwürgen können! Während ich aus allen Löchern pfiff und mich wahrscheinlich ein gigantischer Muskelkater erwartete, hatte er auf den zwei Kilometern meiner Leidensstrecke noch nicht einmal seine Muskeln ausreichend gewärmt!

John Ortberg zitiert in seinem Buch *Jeder ist normal, bis du ihn kennenlernst* folgende Aussage von Jean Vanier:

„Gemeinschaft ist der Ort, an dem uns unsere Grenzen, unsere Ängste und unser Egoismus offenbar werden. Wenn wir alleine sind, können wir glauben, dass wir jeden lieben. Wenn wir dann aber mit anderen zusammen sind, mit ihnen die ganze Zeit zusammenleben, erkennen wir, wie unfähig wir sind, andere zu

lieben, wie viel wir ihnen abschlagen, wie verschlossen wir in uns selbst sind."[4]

Mit dem Zusammenleben in der Ehe begann ich tatsächlich zu merken, dass es im Alltag manchmal echt schwierig war, meinem Partner in Liebe zu begegnen. Und damit meine ich jetzt nicht das grundlegende Gefühl der Liebe, die Eros-Liebe zwischen Mann und Frau. Ich meine nicht das „Ich-liebe-dich", das uns bewogen hatte zu heiraten, sondern die alltägliche Liebe und Achtung. Gerade die Unterschiede zwischen Stefan und mir bewirkten manchmal, dass ich mein Herz vor ihm verschloss, ihm Dinge nicht gönnte oder ihm Erbetenes abschlug. Aus Angst, ich könnte für ihn plötzlich nicht mehr die Wichtigste sein, begann ich zu nörgeln, wenn er mit seinen jungen Freunden gemeinsame Zeit verbringen wollte. Warum? Um ihm ein schlechtes Gewissen zu machen, damit er bei mir blieb und ich mich in meiner Person bestätigt fühlte.

Hätte ich diese Erkenntnis damals schon gehabt, wäre einiges leichter gewesen, aber wahrscheinlich machen uns genau diese schwierigen Erlebnisse und Erfahrungen zu reiferen Persönlichkeiten. Durch mein Verhalten aus Egoismus und Angst gab es dann manchmal angespannte Situationen, aus denen nicht selten hitzige Diskussionen wurden. Während dieser nicht immer ganz liebevollen Wortgefechte entdeckten wir einen weiteren Unterschied – unsere Streit- und Konfliktkultur. Bei ihm zu Hause wurden Konflikte angesprochen und am Küchentisch ausdiskutiert, bis wieder Verständnis und Frieden herrschten. In meiner Herkunftsfamilie hatten wir es nicht so mit dem Streiten und es wurde oft geschwiegen. Dann war man beleidigt und ging sich für eine Weile aus dem Weg. Irgendwann war dann Gras darüber gewachsen.

Während einer Meinungsverschiedenheit mit meinem Mann kehrte ich ihm einmal den Rücken zu, um einfach wegzulaufen. Da sagte er im Brustton der Überzeugung: „Dreh mir nie wieder den Rücken zu!" Ich fühlte mich in dem Moment ein bisschen wie Mose vor dem brennenden Busch, als Gott plötzlich zu ihm sprach – voller Ehrfurcht und mit einer Prise Angst. Würde Stefan jetzt ausrasten? Mich anschreien? Mich am Arm packen? Nichts dergleichen passierte! Als ich mich wieder umdrehte und ihm in die Augen schaute, sah ich sein Leiden darin und verstand plötzlich, wie schlimm meine Beziehungsverweigerung für ihn in diesem Moment war.

Mit der Zeit lernte Stefan, dass ich manchmal eine Auszeit brauche, um mit meinen Gefühlen zurechtzukommen und sie überhaupt formulieren zu können. Ich lernte über die Jahre, bei einem Konflikt zu reden und am Küchentisch zu ringen, zu vergeben und um Vergebung zu bitten. Heute kann ich es mir nicht mehr anders vorstellen und auch unsere Kinder wissen: Am Küchentisch werden die heißen Themen diskutiert!

Wenn zwei Liebende zusammenkommen, ist es ein bisschen so, als träfen sich zwei fremde Kulturen. Vieles ist einfach zu verstehen, aber dann gibt es noch Themen wie Kommunikation, Rollenverständnis, Konfliktlösung, Umgang mit Finanzen, Beziehungspflege mit Freunden etc., die grundverschieden sein können. Und wie bei einer fremden Kultur geht es dann darum, eine neue Sprache zu erlernen. Ich erkannte bald, dass meine Kultur des Streitens nicht hilfreich war und unserer Beziehung nicht guttat. Mich auf die neue Sprache des „Miteinanderredens" einzulassen, brauchte Mut und Überwindung meines Stolzes. Aber wie beim Erlernen einer Fremdsprache kommt

Am Küchentisch werden die heißen Themen diskutiert!

die Perfektion durch das Üben und häufige Anwenden. Ich habe durch diesen Prozess so viel gewonnen!

Stefan lernte im Gegenzug, dass man auch ab zu in einem Restaurant essen gehen kann, ohne gleich protzig rüberzukommen. In seiner Herkunftsfamilie nahm man auf jede nur erdenkliche Unternehmung immer selbst gemachte Sandwiches mit. Ich bin da anders aufgewachsen. Bei speziellen Ausflügen oder Anlässen, auch im Urlaub, gingen wir regelmäßig auswärts essen. Klar, das ist nur ein kleiner Unterschied, man könnte sogar sagen ein unwichtiger. Und doch bedeutet für mich das Essen im Restaurant Lebensqualität und Lebensfreude und mir hätte etwas sehr gefehlt, wenn es diese Momente nicht mehr gegeben hätte. Inzwischen gehört das Auswärtsessen auch zu unserer Familienkultur. Es ist für mich kein Problem, dass es unterwegs mehr Sandwiches als Restaurantbesuche gibt, seit wir Kinder haben. Wichtig ist aber, dass wir uns das Essen im Restaurant hin und wieder gönnen und uns so den Alltag versüßen!

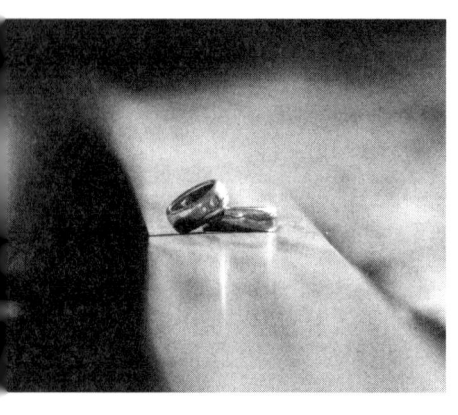

Trotz aller Unterschiedlichkeit gibt es in unserer Ehe Bereiche, in denen wir uns einander angleichen und voneinander lernen. So wird aus „Du" und „Ich" ein „Wir"!

Jetzt noch einmal zurück zum Sport. Nach einiger Zeit – für mich gefühlte Monate, laut Stefan nur ein paar Wochen – begann die Situation zu entgleisen. Ich jammerte und klagte immer mehr! Der Sport quälte mich und mein Mann fühlte sich wohl eher von meinem Gejammer gequält als vom Joggen. Für ihn, den geduldigen Lehrer und Ermutiger, war eines schönen

Tages das Ende der Fahnenstange erreicht. Er nahm mich in die Arme und sagte: „Weißt du was? Du musst das nicht machen, auch nicht mir zuliebe. Ich liebe dich so oder so!"

Mein Mann liebt mich auch unsportlich! Ich muss keine muskelbepackte Superheldin sein! Was für eine Erleichterung für mich! Es gibt Dinge in einer Ehe, bei denen bleibt man einfach verschieden und das ist auch gut so. Ich kann mich nicht schmerzhaft verbiegen, damit ich jemand bin, der ich in meinen Augen sein sollte, um meinem Mann zu gefallen. Ich bin bis heute eher der Sportmuffel, obwohl ich mit dem Älterwerden auch immer mehr den Gesundheitsaspekt berücksichtige. Das heißt aber noch lange nicht, dass ich jogge wie mein Mann. Ich laufe hin und wieder und bewege mich beim Jazztanz. Aber ich fühle mich nicht länger bedroht von den Marathonläufen meines Mannes oder den tagelangen Trecks durch irgendwelche Gebirgsketten Europas. Und ich erlebe es tatsächlich so, wie es Khalil Gibran beschrieben hat: Wenn wir uns jeweils etwas Raum geben und die Winde zwischen uns tanzen lassen, damit jeder seine Freiheit hat, dann wird die Nähe danach intensiver. Beide tanken wir auf unsere Art auf, um uns dann wieder aufeinander einzulassen und den anderen an unserem Leben Anteil nehmen zu lassen.

> Mein Mann liebt mich auch unsportlich! Ich muss keine muskelbepackte Superheldin sein!

Und was ist mit unserem gemeinsamen Dienst für Gott und die Gemeinde? Was wurde aus all den Teenies, die Stefan magisch anzog? Sie wurden erwachsen und einige von ihnen sind immer noch ganz enge Freunde. Die Beziehung zwischen Stefan und ihnen hat sich verändert, und was damals mit viel Schalk und Übermut anfing, hat heute tiefe, ernsthafte Wurzeln. Auch meine Einstellung zum Thema „gemeinsamer Dienst" hat sich verändert – von einer etwas verklärten Idealvorstellung zu lebbarer, gesunder Realität.

Vor der Heirat dachte ich immer, dass ich einmal mit meinem Mann ein offenes Haus führen möchte, in das alle kommen und gehen können, egal zu welcher Tages- oder Nachtstunde. In der Zeit in verschiedenen Wohngemeinschaften erlebte ich es ansatzweise so und für mich war darum klar, als Ehepaar im gleichen Lebensstil weiterzuleben. Zu realisieren, dass ich überhaupt nicht der Typ dazu bin, hat viel mit Selbsterkenntnis und Eigenreflexion zu tun. Im Verlauf der Jahre stellte ich fest, dass ich mich in der Ruhe mit mir selber erhole und nicht in Gemeinschaft mit anderen Menschen. Die Teenies waren für mich während des Hauskreises herzlich willkommen in unserer Wohnung, aber ich war überfordert, wenn ständig einer von ihnen bei uns zu Besuch war. Ich durfte lernen, mich selber so zu akzeptieren, wie ich bin, und die Andersartigkeit meines Mannes als Ergänzung und nicht als Bedrohung zu sehen. Indem ich ihm die Freiheit für seinen Dienst gewähre, setze ich ihn frei und umgekehrt.

Das alles sind heilsame Prozesse, die vom Partner nicht verlangen, sich zu „verbiegen", sondern ihn ermutigen, seine Stärken und Begabungen zu leben. Stefan und ich haben gelernt, zu gewissen persönlichen Grenzen zu stehen – und gleichzeitig das „Lebens-Land" des anderen nicht als Bedrohung, sondern als Ergänzung zu sehen.

Wir haben gelernt, das „Lebens-Land" des anderen nicht als Bedrohung, sondern als Ergänzung zu sehen.

Unsere Verschiedenartigkeit hat noch einen positiven Nebeneffekt: Sie erzeugt Spannung und Reibung, wodurch Energie freigesetzt wird. Gemeinsam ringen wir immer wieder um Lebensthemen und Entscheidungen. Stefan fordert mich heraus, mich auf Neues einzulassen und mit Mut Herausforderungen zu begegnen. Ich fordere ihn im Gegenzug heraus, in seinem Lebensrhythmus Pausen einzulegen und auch einfach mal nur zu sein, anstatt alles schnell zu erledigen; auch mal etwas mit singendem Herzen zu tun und sich Zeit dabei zu lassen.

Viele Tätigkeiten, Hobbys und Dienste führen mein Mann und ich weiterhin getrennt durch. Wenn ich ein Beratungsgespräch führe, nimmt er in dieser Zeit mit den Kindern das Abendessen ein. Wenn Stefan einen Ausbildungskurs leitet, bin ich zu Hause mit den Kindern. Wenn ich am Buchprojekt schreibe, fährt mein Mann mit ihnen Ski. Wir sind oft getrennt, erleben aber trotzdem viel Nähe und tiefe Verbundenheit zueinander. Gibt es ein Rezept dafür? Ich möchte kein allgemeingültiges aufstellen; ich kann nur sagen, woraus unsere „Zutaten" bestehen: aus einem uneingeschränkten „Ja" zueinander, aus guter Kommunikation, aus regelmäßigen Zeiten zu zweit und daraus, das Wohl des anderen über das eigene zu stellen. Ein wertvolles Rezept für die Liebe im Allgemeinen und die Ehe im Besonderen finde ich im „Hohelied der Liebe" in der Bibel:

„Wenn ich in den unterschiedlichsten Sprachen der Welt, ja, sogar in der Sprache der Engel reden kann, aber ich habe keine Liebe, so bin ich nur wie ein dröhnender Gong oder ein lärmendes Becken. Wenn ich in Gottes Auftrag prophetisch reden kann, alle Geheimnisse Gottes weiß, seine Gedanken erkennen kann und einen Glauben habe, der Berge versetzt, aber ich habe keine Liebe, so bin ich nichts. Selbst wenn ich all meinen Besitz an die Armen verschenke und für meinen Glauben das Leben opfere, aber ich habe keine Liebe, dann nützt es mir gar nichts. Liebe ist geduldig und freundlich. Sie ist nicht verbissen, sie prahlt nicht und schaut nicht auf andere herab. Liebe verletzt nicht den

Anstand und sucht nicht den eigenen Vorteil, sie lässt sich nicht reizen und ist nicht nachtragend. Sie freut sich nicht am Unrecht, sondern freut sich, wenn die Wahrheit siegt. Liebe nimmt alles auf sich, sie verliert nie den Glauben oder die Hoffnung und hält durch bis zum Ende. Die Liebe wird niemals vergehen" (1. Korinther 13,1–8).

Wenn uns die Umsetzung dieser Liebe auch nur ansatzweise gelingt, dann spielt es keine Rolle, wie unterschiedlich oder wie ähnlich wir sind; die Liebe wird niemals vergehen!

9. Riverrafting-Boot versus Ruderboot

„Himmel und Erde bilden einen Gegensatz, aber
ihr Wirken ist gemeinsam. Mann und Frau bilden
einen Gegensatz, aber ihr Streben geht auf."
Chinesisches Sprichwort

Wenn ich mich mit einem Boot identifizieren müsste, dann wäre ich ein Ruderboot:

„Mein Ruderboot befindet sich an einem Steg unter einer Trauerweide oder unterwegs auf dem See mit einer kleinen Gruppe von Leuten. Mit mir kann man Tagesausflüge machen oder auch einfach am Steg sitzen und ein Picknick genießen. Das bedeutet, dass man bei mir oder mit mir beides kann: Man kann einfach ‚sein', zur Ruhe kommen und sich erholen, oder man kann zusammen mit mir etwas unternehmen. Auf den See zu rudern bedeutet Arbeit, aber wenn man dann erst einmal dort ist, hat man den Vorteil, das Ufer aus einer gewissen Distanz zu betrachten. Das ermöglicht meinen Gästen eine neue Sicht auf die Situation, eine neue Perspektive. Wenn die Sturmwarnung losgeht, dann rudere ich schnell an Land. Bei mir muss man rudern, das braucht Stärke. Wenn man mir die

Ruder wegnimmt, dann bin ich ganz schön aufgeschmissen und manövrierunfähig ..."

Während meiner Ausbildung beim Institut für christliche Lebensberatung (ICL) habe ich das wertvolle Instrument der Projektionen kennengelernt. Der Gesprächspartner kann sich vorstellen, was für ein Haus, ein Turm, eine Tür oder eben ein Boot er wäre. Er redet dann über das Boot und dessen Stärken, Schwächen und Eigenschaften. In einem zweiten Schritt stellt der Gesprächspartner den Bezug zu sich selbst und zu seinem Leben her. Die Parallelen zur eigenen Persönlichkeit sind verblüffend und sehr interessant. Es ermöglicht jemandem, sich besser kennenzulernen. Da die Person über ein Objekt und nicht direkt über sich redet, wird es für sie leichter, Zugang zu ihren Gefühlen zu finden, aber trotzdem immer ganz bei sich zu bleiben.

Was bedeutet es also für mein Leben, ein Ruderboot zu sein? Ich fühle mich wohl in einer kleinen Menschengruppe. Mit vier, fünf Menschen kann ich ganz ich selber sein. Mehr Leute passen schlichtweg nicht an Bord. Niemand übernachtet auf mir, am Abend liegt das Boot alleine und sicher angebunden an einem Steg, natürlich immer in Sichtweite von anderen Booten. Ich brauche nach einem mit Menschen angefüllten Tag einen Rückzugsort und erhole mich am besten, wenn ich allein bin. Die Leute, die zu mir kommen, sollen eine entspannte und wertvolle Zeit erleben können; es gibt Platz für Austausch und Nähe. Am Steg angebunden bleiben – das sind für mich diese „Sein-Momente", in denen ich

mit Freunden oder Familie das Leben, Essen und die Freundschaft genieße. Meine Ruderkraft ist ausdauernd, und solange ich am Steg immer wieder zu Ruhe kommen kann, reicht diese Kraft auch aus, andere zu tragen und mit auf eine Fahrt zu nehmen. Meine Fähigkeit, mich auf mein Gegenüber einzulassen, ihm im Boot gegenüberzusitzen und meine ungeteilte Aufmerksamkeit zu geben, nutze ich bei meiner Arbeit als Beraterin in der Seelsorge. Durch das „Auf-den-See-Rudern" ermögliche ich Menschen, einen Blick auf die ganze Uferlandschaft ihres Lebens zu werfen, und ermutige sie, neue Wege zu gehen und somit neues Leben zu entdecken.

Mein Antrieb ist meine eigene Kraft, das heißt, dass ich mein Leben gerne unter Kontrolle habe und es überhaupt nicht mag, wenn ich die Ruder nicht fest im Griff habe – fast so wie eine Superheldin, die mit ihren übermenschlichen Kräften selbstbestimmt durch die Lüfte fliegt. Ich bestimme gern, wo es hingeht, und bleibe dann auf meinem Kurs. Das Gute am Rudern ist, dass das Boot schnell auf einen Richtungswechsel reagiert. So auch bei mir: Wenn ich einsehe, dass ich mich in eine völlig falsche Richtung bewege, dann korrigiere ich gerne und bringe mich schnell zurück auf sinnvollen Kurs.

> **Ich mag es überhaupt nicht, wenn ich die Ruder nicht fest im Griff habe – fast so wie eine Superheldin, die mit ihren übermenschlichen Kräften selbstbestimmt durch die Lüfte fliegt.**

Ich trage ein inneres Bild mit mir: Ich, das Ruderboot, rudere beständig auf dem See. Mir gegenüber sitzt Jesus und respektiert, dass ich die Ruder selber im Griff haben will, denn er kennt mich ja und traut mir das auch zu. Es gibt Zeiten, in denen ich mich angeregt mit ihm austausche und fast nicht merke, dass ich rudere. Und dann sind da die Zeiten, in denen ich verbissen und müde zu Boden starre und stur vor mich hin rudere, ohne zu merken, dass ich mich im Kreis fortbewege. Doch Jesus sitzt weiter mit mir im Boot. Wenn ich dann einfach nicht mehr kann, hebt er mein Kinn an, schaut mir in die Augen und mitten ins Herz. Und dann verhilft *er* mir zu einem Perspektivenwechsel, indem er mich auf die Weite und die Ruhe um uns herum hinweist. Diese Momente des Innehaltens mitten auf dem See sind notwendig, damit ich wieder mit neuem Fokus und aufs Ziel ausgerichtet weiterrudern kann.

Was geschieht, wenn ein Ruderboot heiraten möchte? Sollte es sich in ein anderes Ruderboot oder vielleicht in ein kleines Segelboot auf dem See verlieben? Dies würde bedeuten, dass es für die beiden Boote viele Berührungspunkte gäbe. Sie könnten in Frieden und trauter Eintracht gemeinsam durchs Leben fahren.

Doch bekanntlich ziehen Gegensätze sich ja an. Schon in den vorherigen Kapiteln erwähnte ich, dass mein Mann und ich sehr verschieden sind. So überraschte es mich überhaupt nicht, als er mir sein Projektionsboot präsentierte: „Ich bin ein Riverrafting-Boot auf einem Fluss. Ich habe mein Team und Material mit dabei und überwinde Stromschnellen. Die Strömung treibt mich an, Hindernisse werden zielstrebig angesteuert und überwunden!"

Wir wohnen zwischen zwei Seen in den Bergen. Riverrafting-Boote, aber auch gemütliche Ruderboote, die am Seeufer entlanggleiten, sind mir sehr vertraut. In den einen See mündet ein Wildwasserfluss. Abenteuertouristen buchen gerne einen Trip auf diesem schäumenden Nass. Sie werden mit Bussen flussaufwärts gebracht und besteigen zu acht ein Boot. Der erfahrene Bootsführer bringt sie sicher über alle Hindernisse bis zur Mündung in den See. Wie er in diesen Turbulenzen überhaupt die Kontrolle behalten kann, ist für mich unvorstellbar.

Ich denke, es hat viel damit zu tun, die Kraft des Wassers zu nutzen und sich auf seine Dynamik einzulassen.

Und genau in diesem Punkt passt die Projektion zu meinem Mann! Er ist ein Meister darin, in turbulenten Zeiten mit dem Lauf der Dinge zu gehen und trotzdem immer das Paddel in der Hand zu behalten, damit er das festgelegte Ziel erreicht. Er läuft zur Höchstform auf, sobald es wild und wellig wird. Da schmeißt er sich leidenschaftlich rein und nimmt es mit allem auf.

Am Anfang unserer Ehe habe ich öfter mal versucht, ihm mit meinem Ruderboot auf das Wildwasser zu folgen. Das gab regelmäßig ein Dilemma mit desaströsem Ausmaß. Mein Boot ist völlig ungeeignet für solche Aktionen, da es mit seinen Holzplanken zu starr ist und unter der Spannung des Wildwassers schnell Schaden nimmt. Während das Riverrafting-Boot zwar einen Bootsführer hat, der das Kommando erteilt, haben alle anderen Bootsinsassen auch ein Paddel. Das Erreichen des Ziels ist immer Teamwork. Das Ruderboot hingegen hat nur zwei Ruder und wird von nur einer Person manövriert. Das ist auf einem See auch durchaus sinnvoll, aber eher wirkungslos auf einem Wildwasserfluss.

Beim Schreiben dieses Kapitels erinnerte ich mich an ein Erlebnis meines Mannes. Er kochte eine Woche lang in einem Freizeitlager. Stefan war Küchenchef, Einkäufer, „Abschmecker", Bäcker und Menüplaner in einem. Allerdings hatte er nicht mit dem altersschwachen Backofen gerechnet, der ihm einen Strich durch sein Zeitmanagement machte. Das Brot, genauso gebacken wie zu Hause, fiel in sich zusammen, weil es noch nicht gar war. Und so musste mein geliebter Mann zur Unzeit am Sonntagmorgen ein alternatives Frühstück auf den Tisch zaubern.

Als ich ihn mit den Kindern dann eines Tages besuchte, bereitete er gerade das Abendessen vor. Er wollte von mir wissen, warum wohl der Hefeteig für die Dampfnudeln nicht aufgehe. Es stellte sich heraus, dass er den Teig erst vor knapp einer halben Stunde fertiggestellt hatte, die Masse aber schon bald in den Ofen sollte. Der Teig würde schon noch aufgehen, aber eben erst in zwei Stunden ... Wäre mir so etwas passiert – natürlich nur rein hypothetisch, denn ich bewege mich immer auf der sicheren Seite –, dann wäre ich innerlich in Panik und äußerlich in Schweiß ausgebrochen! Ich wäre ganz schön ins Rudern gekommen – und vor lauter „Herrje" wahrscheinlich im Kreis herum. Meinem Mann hingegen sah man zwar eine leichte Ratlosigkeit an, wenig später entspannte er sich jedoch sofort wieder durch ein mentales Schulterzucken. Das Beste daraus machen, lautete seine Devise. Sich nicht über etwas aufregen, was man sowieso nicht ändern kann.

Mein Mann ist ein Meister in der „SAbtA-Strategie" (Sicheres Auftreten bei totaler Ahnungslosigkeit). Diese meistens wunderbar funktionierende Fähigkeit hatte er sich während seiner Arbeit als Ausbilder bei der Schweizer Armee angeeignet. So wandte er diese Strategie erfolgreich auch bei den Pannen in der Freizeitlagerküche an. Niemand ahnte etwas von den unfreiwilligen Planänderungen am Herd!

Das Beste daraus machen, lautete Stefans Devise. Sich nicht über etwas aufregen, was man sowieso nicht ändern kann.

Genauso wenig wie ein Riverrafting-Boot nur mit einem Mann unterwegs ist, hantierte mein Mann nicht alleine in der Küche. Er war oft von Freizeitlagerteilnehmern umgeben und bezog sie in die Arbeit mit ein. In den Momenten, in denen alles auf Kurs war, joggte er eine Runde und überließ das Kochen voll Vertrauen seinen Gehilfen.

Heißt das jetzt, dass ich als Ruderboot nicht bei einem Freizeitlager kochen kann? Nein, absolut nicht! Ich kochte sogar schon während einer Woche für doppelt so viele Teilnehmer wie mein Mann. Es bedeutet lediglich, dass ein Ruderboot anders vorbereitet und anders kocht. Ich plante fürs Kochen eher zu viel Zeit ein, um bei etwaigen Verzögerungen trotzdem rechtzeitig das Essen auf den Tisch stellen zu können. Da ich das Maß meiner Kräfte kenne, hatte ich mir die Arbeit gut eingeteilt, damit ich bis zum Freizeitlagerschluss zu rudern vermochte. Mein Team bestand aus zwei Hilfskräften, die auf meinem Boot Platz hatten. Ganz klar war aber, dass ich das Ruder in der Hand und die Kontrolle über alles hatte. Zwar delegierte ich Arbeiten, gab aber den Kochlöffel nie ganz aus der Hand. Der Gelassenheit und Anpassungsfähigkeit meiner Schwägerin war es zu verdanken, dass es nie zu einer Situation kam, in der wir uns die Ruder bzw. die Kochlöffel um die Ohren schlugen.

Mein Mann kann kochen – ich kann kochen, aber *wir* können *nicht* zusammen kochen! Das sähe ungefähr so aus: Während Stefan in der Küche Wasser aufwirbelt und sich selber aufregende Momente durch schwierige Herausforderungen schafft, würde ich meine Ruder immer fester umklammern und immer sturer in meine Richtung rudern wollen – nämlich an den sicheren Steg. Am Schluss würden wir mehr Energie mit Diskutieren und Argumentieren verbringen als mit Kochen.

Dieses Küchenszenario ist ein schönes Beispiel dafür, dass ein Ruderboot und ein Riverrafting-Boot gewisse Dinge nicht zusammen erleben können, sondern nur parallel. In einer Ehe stellt sich dann aber die Frage, wo man sich begegnen kann. Wo kommt mir mein Mann und wo komme ich ihm entgegen? Wo können wir uns beide wohlfühlen? Nach vielen Ehejahren kennen wir die Antwort auf diese Fragen.

Dort, wo der Fluss in den See mündet und sich das wilde Wasser in immer kleineren Wellen mit dem Seewasser vermischt, genau dort begegnen sich das Ruderboot und das Riverrafting-Boot. Manchmal ist es nur kurz zwischen zwei abenteuerlichen Fahrten, oftmals ist es am Abend, wenn Feierabend ist und beide gemeinsam am Ufer anlegen. Es ist der Ort, an dem wir Anteil nehmen an unseren Erlebnissen, zusammen reden und uns austauschen. Dort kommt mein Mann zur Ruhe und tankt auf für neue Herausforderungen. Ich fühle mich völlig sicher und geborgen am ruhigen Ufer. Wir erleben auch zusammen Abenteuer, nur finden sie dann nicht auf einem Wildwasserfluss statt – aber auch nicht auf dem altbekannten See. Dann rudern oder paddeln wir zusammen auf unbekannten, aber sicheren Gewässern und entdecken zum Beispiel zusammen eine Stadt.

Gegensätze ziehen sich an, reiben sich gegenseitig, aber wachsen auch aneinander! Damit dies in unserer Ehe möglich wurde, musste ich mich selber unbedingt gut kennen, um nicht zu versuchen, eine Frau zu sein, die ich nie sein kann, und dann daran zu zerbrechen. Ich konnte aber auch nicht erwarten, dass sich mein Ehepartner für mich so verändert, dass er plötzlich nur noch am Steg mit mir ein Picknick genießt. An gewissen Abenteuern meines Mannes kann ich Anteil nehmen, aber nie Teil davon sein, weil es nicht meiner Natur entspricht. Als ich ein Ja dazu gefunden hatte, konnte ich ihn vertrauensvoll aufs Wildwasser ziehen lassen, in der festen Gewissheit, dass er immer wieder zu mir zurückkehrt. Stefan braucht meine Ruhe, meine Zuverlässigkeit und meine Fähigkeit, ruhig und analytisch eine Situation zu betrachten. Was für eine Entspannung in der Beziehung, wenn beide wissen, wer

Gegensätze ziehen sich an, reiben sich gegenseitig, aber wachsen auch aneinander!

sie sind. Wir merkten, dass die Andersartigkeit des Partners für uns weder eine Konkurrenz noch eine Bedrohung darstellt. Im Gegenteil! Wir entdeckten, dass uns das Interesse an unseren Mitmenschen mit großer Übereinstimmung verbindet. Ebenso die Gemeinsamkeit, dass wir uns beide mit starken Booten vergleichen – stark im Rudern und stark im Paddeln.

Wir stellen immer wieder fest: Wenn wir unsere Kräfte vereinen, können wir gemeinsam sehr viel Schwieriges tragen und viel Leid anderer Leute auffangen. Jeder auf seine Art und mit seinen Qualitäten – aber *gemeinsam* sind wir stark *für* unser Gegenüber.

10. Der Dschungeltrip – Holt mich hier raus!

„Man befreit sich nicht von etwas, indem man es meidet, sondern, indem man hindurchgeht."
Cesare Pavese

Bevor mein Mann und ich überhaupt ein Paar wurden, erklärte mir Stefan, dass er nicht vorhabe, sein ganzes Leben in der Schweiz zu verbringen. Er wolle in die Mission gehen, so wie seine Eltern es getan hatten. Mein Mann wuchs bis zu seinem elften Lebensjahr in Peru auf und hatte seine Kindheit im tropischen Regenwald in bester Erinnerung. Als junger Mann machte er auch verschiedene missionarische Kurzzeiteinsätze im Ausland und für ihn war klar: Nichts konnte ihn für immer in der Schweiz halten, auch nicht eine Frau. Ich hatte zu diesem Zeitpunkt ebenfalls schon einige Berührungspunkte mit der christlichen Mission. Mich faszinierte der Gedanke, in ein anderes Land zu ziehen. Das war auch der Grund, weshalb ich mich keineswegs von Stefans genauen Zukunftsvorstellungen abschrecken ließ. Ich war bereit, neue Länder zu entdecken und in ein spannendes Abenteuer zu ziehen.

Im dritten Ehejahr war es dann so weit und wir lösten unseren Haushalt in der Schweiz auf. Mit einer Missionsgesellschaft reisten wir nach Thailand an die thai-burmesische Grenze, um dort den Flüchtlingen zu dienen. Die Vereinbarung war, dass wir ein Probejahr mit der Option auf Verlängerung machen würden. Wir wurden in der Schweiz gut vorbereitet, besuchten zuerst eine Missionskonferenz und starteten mutig in dieses Abenteuer.

So machten wir uns im Januar 2007 auf ins Land des Lächelns – voller Erwartungen, Hoffnungen und einigen Ängsten. Das Lächeln verging uns dann schneller, als uns lieb war, nämlich genau dann, als die harte Wirklichkeit über uns zusammenbrach. Wir realisierten, dass nichts so war, wie wir es uns vorgestellt hatten.

> **Das Lächeln verging uns dann schneller, als uns lieb war. Wir realisierten, dass nichts so war, wie wir es uns vorgestellt hatten.**

Die Missionsleiter der asiatischen Missionsgesellschaft hatten uns im Vorfeld geschrieben, welche unsere Arbeitsbereiche sein würden. Nachdem wir uns durch die ersten Wochen Neuland gekämpft hatten, mussten wir erkennen, dass praktisch nichts davon vorhanden war. Ich hätte laut unseren Leitern in einem christlichen Krankenhaus mitarbeiten dürfen, das meine Hilfe aber weder wollte noch brauchte. Stefan hätte einen einheimischen Pastor auf Evangelisationstrips in den Dschungel begleiten sollen; der machte das aber überhaupt nicht, da er eine Gemeinde im Dorf leitete und sesshaft war.

Als wir realisierten, dass wir in ein Pionierprojekt geraten waren, war der Schock groß. Hatten uns die Leiter angelogen? Hatten wir sie falsch verstanden? Mit der Zeit stellten wir fest, dass die neuseeländischen Missionsleiter, die in Singapur stationiert waren, ausgeprägte Visionäre waren. Sie hatten uns ein Bild von dem, was einmal sein sollte, gegeben und nicht, was im Moment war. Da waren wir nun am Ende der Welt, sieben Busstunden von Bangkok entfernt, weit weg von westlichem Komfort, ohne ersichtliche Aufgabe, ohne Sprachkenntnisse und völlig ratlos.

Es gibt Erlebnisse im Leben, bei denen man sich wünscht, dass sie nie stattgefunden hätten. Wenn dann aber genügend Zeit verstrichen ist, werden sie zu idealen Gutenachtgeschichten für die Kinder oder zu amüsanten Anekdoten, die an lauen Sommerabenden den Freunden erzählt werden können, sehr zur Unterhaltung aller Beteiligten.

Ein solches Erlebnis erwartete Stefan und mich in der ersten Woche unseres einjährigen Missionseinsatzes in Thailand. Nach der Einführungszeit in Singapur in der Hauptzentrale der Missionsgesellschaft wurden wir nach Sanklaburi geschickt, unserem Einsatzort für das bevorstehende Jahr. Nicht etwa, um uns dort erst einmal einzuleben oder unser Team kennenzulernen, sondern um unser Gepäck abzuladen und gleich weiter in den thai-burmesischen Dschungel zu fahren.

Zusammen mit einem Kurzeinsatzteam aus Singapur machten wir uns auf den Weg, um weit abgelegene Dörfer zu besuchen. Ziel des einwöchigen Einsatzes war es, den Menschen medizinische Hilfe zukommen zu lassen und ihnen von Jesus zu erzählen. Das singapurische Team bestand aus Ärzten und Pastoren mit ihren Frauen. Ihre Reaktion darauf, dass sie zwei Schweizer Missions-Greenhorns mitnehmen sollten, war verhalten. Sie erklärten unseren Teamleitern sogar, dass sie für mich zwar Verwendung hätten – immerhin sei ich Pflegefachfrau –, aber meinen Mann könnten sie unter keinen Umständen brauchen. Dazu kamen noch ihre Bedenken, dass wir als Schweizer keine Erfahrung mit dem Dschungel hätten und schlecht vorbereitet seien. Alle Argumente fruchteten nichts; unsere Leiter blieben bei ihrer Meinung und wir gingen mit.

Ich war schon ein wenig eingeschüchtert durch ihre Einstellung und machte mir plötzlich tatsächlich Sorgen, ob wir dem Ganzen gewachsen seien. Das war aber, *bevor* ich einen Singapurer außerhalb seines Großstadthabitats beobachten konnte! Uns wurde schnell klar, dass wir als „Team Schweiz" deutlich besser geeignet waren, mit den Widrigkeiten der Natur umzugehen, als das „Team Singapur". Später lernten wir während eines Singapuraufenthalts die Lebensweise der Großstädter etwas kennen, und da wurde uns im Nachhinein so manches klar. Ihr Leben findet vor allem klimatisiert und motorisiert statt. Von der klimatisierten Wohnung in den Fahrstuhl, runter zum klimatisierten Auto, rein ins klimatisierte Büro – kurz: Dschungelerfahrung gleich null.

Unsere asiatischen Teammitglieder waren auf einen zehnstündigen Marsch durch unwegsames Gelände denkbar schlecht vorbereitet. Nach etwa drei Stunden kollabierte die erste Dame. Die einheimischen Anführer mussten sie in einem Hängemattenkonstrukt wie ein erlegtes Wild an der Bambusstange den Rest des Weges tragen. Obwohl eben diese Anführer das schwere Gepäck für uns transportierten, waren einige bald zu erschöpft, um ihren Rucksack zu tragen. Mein Mann, ein erprobter Langstreckenläufer und Militärmarschabsolvent, bepackte sich kurzerhand mit zusätzlichem Gepäck. Ich übertreibe nicht, wenn ich behaupte, dass das Marschtempo auch für den Ausflug eines Kindergartens geeignet gewesen wäre.

Mir war ganz und gar nicht wohl bei dem Gedanken, dass wir mutterseelenallein mit einem Mann, der als Rebell gegen die burmesische Militärdiktatur kämpfte, im Dschungel hockten.

So kam es, dass mein Mann und ich – in ein Gespräch vertieft – einfach unserem Anführer hinterherliefen und lange nicht bemerkten, dass wir dem Rest der Gruppe weit voraus waren. Plötzlich standen wir da, „Team Schweiz", der Anführer und der einheimische Pastor, um uns herum nichts als stilles Grün. Der Pastor lief zur Gruppe zurück und wir harrten der Dinge, die da kommen würden. Mir war ganz und gar nicht wohl bei dem Gedanken, dass wir mutterseelenallein mit einem Mann, der als Rebell gegen die burmesische Militärdiktatur kämpfte, im Dschungel hockten. So wurde es eine ziemlich ungemütliche halbe Stunde, bis wir endlich die anderen der Gruppe wiedersahen.

Wegen des langsamen Lauftempos waren wir gezwungen, noch zwei Stunden im Dunkeln bis ins Dorf zu gehen. Es wurden leise Gerüchte von Tigern und Schlangen geflüstert. Aus heutiger Sicht bestand die einzige wirkliche Gefahr vermutlich darin, dass wir im Dunkeln jemanden hätten verlieren können. Als klar wurde, dass sich die Wanderung dank der vielen Pleiten, Pech und Pannen endlos in die Länge zog, begleitete mein Mann im Eiltempo einen einheimischen Anführer, um unser Kommen im Dorf anzumelden und weitere Träger zur Verstärkung zu holen.

An einem lauen Sommerabend mit meinen Freunden würde die Erzählung hier aufhören. Es wäre einfach eine nette Anekdote. Aber das war bei Weitem nicht alles! Die oben aufgezählten Erlebnisse hätten bestens in eine Realityshow gepasst. Aber Tatsache war, dass wir in dieser Woche mittendrin und live dabei waren! Es war weder eine gut durchgeplante Show, noch saß ich gemütlich zu Hause auf dem Sofa und amüsierte mich über anderer Leute Leben.

Es war alles andere als lustig in diesem Moment. Die ganze Situation hatte so gar nichts mit meinen bisherigen Erfahrungen zu tun, dass es manchmal schwer zu ertragen war. Von meiner Persönlichkeitsstruktur her brauche ich „Wissen", damit ich mich sicher fühlen kann. Wenn ich mir etwas nicht vorstellen kann und ich nicht weiß, wie es sein wird, dann werde ich ganz schön unsicher und ängstlich.

In dieser ersten Woche in Thailand wurde mir die kulturelle und sprachliche Barriere schmerzlich bewusst. Während das „Team Singapur" nach einer Woche Extremerfahrung wieder nach Hause gehen durfte, wusste ich, dass uns noch ein ganzes Jahr hier bevorstehen würde. In all den Stunden auf der Pick-up-Laderampe, durchgeschüttelt auf unwegsamem Gelände, wurde mir immer übler, elender und verzweifelter zumute. Was tat ich hier eigentlich? Ich wollte nichts lieber, als mich zurück in die Schweiz zu flüchten, in den sicheren Schutz meiner mir bekannten Stadttore. Mein Herz schreckte davor zurück, neues Land – im wahren und übertragenen Sinne – zu erkunden.

Ich kann mich gut an einzelne Momente der totalen Verzweiflung erinnern. Da war zum Beispiel die Ankunft im Dorf nach der zehnstündigen Wanderung. Das gesamte Team hatte das Trinkwasser bei den Autos vergessen. Mich überfiel panische Angst, mir irgendeine Krankheit einzufangen, wenn ich das Wasser der Einheimischen trank. Und doch führte kein Weg daran vorbei. (Ich realisierte erst später, dass auch die Einheimischen ihr Wasser vor dem Trinken abkochten.)

Ein anderes Mal saß ich im Dunkeln in einer Bambushütte. Ich bekam eine Schale mit Essen in die Finger gedrückt und sah mangels Licht nicht, was ich aß. Es fühlte sich glitschig und eklig an – es waren Froschstücke!

Oder ich lag nachts frierend auf einer harten Matte. Die Kälte verhinderte, dass ich schlafen konnte. Mein Mann war mit den Männern in einer anderen Hütte einquartiert. Ich fühlte mich so einsam!

Außerdem waren da einige Begegnungen mit Einheimischen, die eigentlich dringend kontinuierliche medizinische Hilfe gebraucht hätten. Unsere momentane Hilfe war nur wie ein kleines Pflaster auf einer eiternden Wunde.

Rückblickend war dieser Dschungeltrip eine ganz besondere Art, meinen Grenzen zu begegnen – ich wurde nämlich regelrecht dazu gezwungen. Äußere Umstände und falsche Vorbereitung seitens der Teamleiter katapultierten mich völlig ungefragt und unerwartet kopfüber an den Rand des Erträglichen. Ich hatte keine Möglichkeit, auszusteigen und zu sagen: „Halt, da mache ich nicht mehr mit!" Selbstbestimmung war nicht mehr möglich, denn ich war plötzlich Teil eines außer Kontrolle geratenen Geschehens. Dies war eine negative Grenzüberschreitung: Die Grenzen meiner Sicherheit wurden niedergetrampelt und ich fühlte mich ausgeliefert und bedroht.

Anfangs der Dschungelwoche „stolperte" ich in der Bibel über ein paar Verse, die zu meinem persönlichen Rettungsanker wurden. Psalm 16 veränderte zwar nicht die harte Realität, aber verhalf mir zu einer anderen Einstellung:

> *„Du, Herr, bist alles, was ich habe; du gibst mir, was ich zum Leben brauche. In deiner Hand liegt meine Zukunft. Ich darf ein wunderbares Erbe von dir empfangen, ja, was du mir zuteilst, gefällt mir. Ich preise den Herrn, denn er gibt mir guten Rat. Selbst nachts erinnert mich mein Gewissen an das, was er sagt. Ich sehe immer auf den Herrn. Er steht mir zur Seite, damit ich nicht falle. Darüber freue ich mich von ganzem Herzen, alles in mir bricht in Jubel aus. Bei dir, Herr, bin ich in Sicherheit"* (Psalm 16,5–9).

Dieser einwöchige Dschungeltrip wurde für mich zu einem der Erlebnisse in meinem Leben, in denen ich mich nicht mehr auf mich und meine Stärke verlassen konnte. Meine Erfahrungen reichten nicht aus, um mich sicher zu fühlen; ich hatte meine Komfortzone verlassen und begab mich auf unbekanntes Territorium. Gerade dort, mitten im Niemandsland meiner Erfahrungen, begegnete mir Gott als Tröster und Ermutiger. Bei ihm durfte ich meine so nötig gebrauchte Sicherheit finden. Bei ihm, der mir Gutes zuteilt, der mir hilft und mir beisteht; bei ihm, der nicht zulässt, dass ich falle! Ich musste nicht länger darum ringen, stark wie eine Superheldin zu sein. Als diese Wahrheit mein Herz berührte, wurde es mir plötzlich auch möglich, positive Momente zu sehen. Da war zum Beispiel der Häuptling des ersten Karen-Dorfes. Er war kein Christ, sondern so etwas wie ein Buddhist und sein Glaube war mit Animismus gespickt. Vor einigen Jahren kam er irgendwie zu einer Bibel und las seither täglich darin. So hatte er angefangen, sein ganzes Dorf nach biblischen Werten umzustrukturieren, damit mehr Frieden herrscht.

Was ist nach dieser Woche zurückgeblieben? Mein Mann ging als Held der Stunde hervor! Er war sozusagen der Chuck Norris des thailändischen Dschungels und wurde von unseren singapurischen Freunden als Geschenk Gottes gefeiert – und das, nachdem sie ihn zuerst doch überhaupt nicht mitnehmen wollten. Er blieb ruhig in jeder Situation, trug ihr Gepäck, lief im Eiltempo, um Hilfe zu holen, und trotzte jeder Widrigkeit.

Und was blieb bei mir haften? Ich wurde gezwungen, mich mit meinen persönlichen Grenzen auseinanderzusetzen. Meine Grenzen wurden überschritten, was verletzend auf mich wirkte. Während es in jenen Momenten für mich so aussah, als würde nichts Gutes aus dieser Erfahrung wachsen, durfte ich im Nachhinein doch erkennen, dass ich ein Stück Land eingenommen hatte, das von dem Moment an zu meiner inneren Landkarte der persönlichen Möglichkeiten wurde.

Im Nachhinein durfte ich erkennen, dass ich ein Stück Land eingenommen hatte, das von dem Moment an zu meiner inneren Landkarte der persönlichen Möglichkeiten wurde.

Ich fand Stärke im völligen Ausgeliefertsein und Angewiesensein auf Gott. Beim Durchleben dieser Situationen entdeckte ich Widerstandskraft, gekoppelt mit Ausdauer! Die Verse „Du, Herr, bist alles, was ich habe; du gibst mir, was ich zum Leben brauche. (...) Bei dir, Herr, bin ich in Sicherheit" wurden zur erlebbaren Wahrheit! Diese Wahrheit hatte ich bitter nötig, denn obwohl der Dschungeltrip nach einer Woche vorüber war, wartete auf uns ja noch ein ganzes Jahr in diesem andersartigen Land. Ich lernte, dass ich mich in unbekanntem Gelände vorsichtig und aufmerksam bewegen muss. Es ging für mich vor allem darum, zu beobachten, Fragen zu stellen, versuchen zu verstehen – und wenn das nicht möglich war, die Größe zu haben, es stehen zu lassen. Einen Schritt vor den anderen setzend, eine Herausforderung nach der anderen nehmend, kam ich vor elf Jahren aus dem Dschungel heraus mit der Erkenntnis: Meine Sicherheit *ist* in Gott.

Bis heute erlebe ich immer wieder solche „Dschungelmomente" – das kann der Antritt einer neuen Arbeitsstelle sein, die Begegnung mit einem leidenden, verzweifelten Menschen oder auch mit einer Person, die mir nicht wohlgesonnen ist. Es sind fast immer Situationen, die mir unbekannt sind und in denen ich mich unsicher fühle; Herausforderungen, die ich am liebsten überhaupt nicht erleben möchte, manchmal sogar von äußeren Umständen erzwungen. Diese Momente zu meiden oder zu verhindern, wäre oft möglich, aber es würde mein Leben eng machen und meinen Blickwinkel einschränken. Gott erinnert mich vielmehr daran, was in Psalm 16 steht: nämlich dass das, was er mir zuteilt, gut ist und er mir hilft, gerade wenn es schwierig ist, die richtigen Entscheidungen zu treffen!

11. Im Land des Lächelns

„Das zu lernen, was uns die Not lehren will, ist wichtiger, als aus ihr herauszukommen."
Hudson Taylor

Nun hatten wir also noch ein ganzes Jahr im thailändischen Dschungel vor uns! Unser Dorf Sanklaburi befand sich direkt an der Grenze zu Myanmar. Da Myanmar unter einer Militärdiktatur litt und ethnische Minderheiten wie die Karen, die Mon oder die Shan verfolgte, wurde Thailand an der ganzen Grenzlinie von Flüchtlingen geflutet. Dies brachte zahlreiche Probleme mit sich, da Thailand nicht wirklich ein großes Interesse daran hatte, sich um die Flüchtlinge zu kümmern. Um Sanklaburi herum gab es zwar einige Militärcheckpoints, aber die Grenze bestand vor allem aus Dschungel und war ziemlich durchlässig. Wir überquerten fast täglich die grüne Grenze, um auf der anderen Seite ein Dorf zu besuchen. Somit waren wir tolerierte Grenzgänger. Für mich wurde diese Tatsache bildhaft für meinen inneren Zustand. Wir überschritten im wahrsten Sinne des Wortes täglich eine Landesgrenze, und in meinem Herzen sah es nicht viel anders aus. Ich stieß in der Anfangszeit täglich an Grenzen und musste innere Grenzen überschreiten.

Drei Herausforderungen (Grenzen) erschienen am Anfang einfach zu groß, um sie bewältigen zu können. Da war zum einen unser Team, zum anderen das Gefühl, nicht gebraucht zu werden, und als dritte und schwierigste unsere Beziehung als Ehepaar.

Das Team bestand abgesehen von uns ausschließlich aus Asiaten: einer Philippinin, einem Burmesen und einem Karen-Pastor. Später kam noch eine malaiische Zahnärztin dazu. Wir sahen uns plötzlich von lauter Menschen umgeben, die schamorientierter waren als wir und denen wir Europäer zu direkt waren. Probleme und Konflikte konnten nicht direkt angesprochen und gelöst werden, sondern nur durch die Blume und um sieben Ecken herum. Unser Teamleiter war ein Einzelkämpfer, der oftmals Dinge entschied, ohne uns zu informieren. Sicherlich auch deshalb, weil er sehr patriarchalisch dachte. Wir verloren schon unglaublich viel Energie nur durch diese kulturellen Unterschiede im Team und die daraus resultierenden Missverständnisse.

Zu merken, dass niemand auf uns gewartet hatte und wir auch keine konkrete Aufgabe erhielten, machte uns hilflos und lähmte mich innerlich. Wir kamen aus dem schweizerischen Arbeitsleben und aus der aktiven Mitarbeit in unserer Kirchengemeinde nun an einen Ort, der nichts an Aufgaben für uns bereitzuhalten schien.

Die Sprache war natürlich auch eine große Barriere. Obwohl wir von Tag eins an Sprachunterricht nahmen, blieb das Burmesisch bis zum Ende unseres Aufenthalts eine Herausforderung.

Ich fühlte mich noch nie in meinem Leben so nutzlos wie in dieser ersten Zeit in Thailand!

Dass all diese Tatsachen auch einen Einfluss auf unsere Ehebeziehung hatten, ist schon fast selbsterklärend. Da wir ohne konkrete Aufgabe dastanden, fühlten wir uns beide ausgebremst, reagierten aber ganz unterschiedlich darauf. Mich drohte die Situation innerlich zu ersticken. Oft wachte ich am Morgen mit rasendem Herzen und Beklemmungsgefühlen auf. Ich hätte mich am liebsten in mein Mauseloch zurückgezogen und mich vor allem versteckt, was mir Angst bereitete. Ich wünschte mir, dass ich einfach in das nächste Flugzeug steigen könnte, um in die Schweiz zurückzufliegen. Doch mit jeder weiteren verstreichenden Woche fand ich die Kraft, mich gegen diese lähmenden Gefühle der Machtlosigkeit zu wehren, immer ein bisschen mehr. Und wenn die Beklemmung fast unerträglich wurde, entschied ich mich, aktiv zu werden. Ich ging dann zu einer lieben Englisch sprechenden Thai-Frau, die einen kleinen Einkaufsladen zu Hause führte. Ich setzte mich zu ihr auf den Boden und sie half mir, Burmesisch zu lernen. Ich wusste intuitiv: Entweder bewege ich mich aus meinen eigenen vier Wänden und schaue meiner Angst und Hilflosigkeit direkt in die Augen, oder ich muss kapitulieren und in meine Heimat zurückkehren.

> **Ich hätte mich am liebsten in mein Mauseloch zurückgezogen und mich vor allem versteckt, was mir Angst bereitete.**

Mein Mann, das „Riverrafting-Boot", das sich am liebsten in wildem Gewässer aufhält, reagierte völlig anders als erwartet. Er, der immer der Aktivere und Extrovertiertere von uns beiden war, zog sich fast völlig in sich zurück. Stefan saß oft auf der hinteren Küchentreppe und „schaute dem Gras beim Wachsen zu". Er fühlte sich völlig ausgebremst und erklärte mir: „Weißt du, ich fühle mich, als wäre ich mit dem Auto 120 km/h gefahren und ohne Vorwarnung auf 30 km/h heruntergebremst worden." Stefan fand anfänglich keine Ressourcen in sich selber, um etwas an diesem Zustand zu verändern.

Sein Verhalten stürzte mich zusätzlich in tiefe Ratlosigkeit. Wie sollte ich mit meinem völlig passiven Mann umgehen? Ich kannte ihn doch nur voller Tatendrang und immer vor Ideen übersprudelnd! Genau in der Zeit, in der ich einen starken, unerschütterlichen Felsen gebraucht hätte, erlebte ich Stefan das erste Mal in unserer Beziehung verletzlich und hilflos.

Zusätzlich erschwerend war der Umstand, dass wir als Ehepaar praktisch keine Privatsphäre hatten. Wir wohnten im Teamhaus, das aus einem Wohnzimmer, einer Küche und zwei Schlafzimmern bestand. Tagsüber gingen alle Teammitglieder in diesem Haus ein und aus. Unsere philippinische Mitarbeiterin wohnte in dem einen Schlafzimmer und so blieb uns nur unser kleines Zimmer, wenn wir uns zur Ruhe zurückziehen wollten.

Alles in allem gab es mehr als genug Gründe, unsere Zelte abzubrechen und in die Schweiz zurückzukehren. Aber wir taten es nicht. Warum? Es war nicht so, dass wir nicht darüber gesprochen hätten. Ein oder zwei Mal waren wir nahe dran, aber wir trafen doch die Entscheidung, unseren Jahreseinsatz zu Ende zu bringen. Was half uns, die Spannungen an der Grenze des Ertragbaren auszuhalten? Einer der Gründe war sicherlich die Entscheidung, das Beste aus einer suboptimalen Situation zu machen. Alles war anders, als wir es uns gewünscht oder vorgestellt hatten. Wir mussten unsere Vorstellungen loslassen und uns so gut es ging auf die momentanen Umstände einlassen. Ich musste auch meinen Groll auf unsere Missionsleiter loslassen, denn ich fühlte mich von ihnen an der Nase herumgeführt.

Hilfreich waren für mich einige Bibelverse, die mir in den ersten Wochen unseres Aufenthalts begegneten und mir Mut machten:

"Verlass dich auf den Herrn und tue Gutes! Wohne hier in diesem Land, sei zuverlässig und treu! Freue dich über den Herrn, und er wird dir geben, was du dir von Herzen wünschst. Befiehl dem Herrn dein Leben an und vertraue auf ihn, er wird es richtig machen. Dass du ihm treu bist, wird dann unübersehbar sein wie das Licht; dass du recht hast, wird allen aufleuchten wie der helle Tag. Warte still und geduldig darauf, dass der Herr eingreift! Entrüste dich nicht, wenn Menschen böse Pläne schmieden und sie dabei auch noch Erfolg haben! Lass dich nicht von Zorn und Wut überwältigen, denn wenn du dich ereiferst, gerätst du schnell ins Unrecht. Wer Böses tut, den wird Gott ausrotten. Wer jedoch auf den Herrn hofft, der wird das Land besitzen" (Psalm 37,3–9).

Ich verstand die Verse als eine direkte Zusage von Gott, dass ich in diesem Land ausharren und auf ihn hoffen sollte. Wenn mir das zuverlässig und treu gelänge, würde er eingreifen und mir Land zum Besitz geben. Genau das passierte. Wir konnten in diesem Jahr keine großen, sichtbaren Taten vollbringen. Mein Landgewinn fand vor allem in meinem Inneren statt. Gott gab meiner Seele neues Land, und wo vorher Grenzen waren, wurden meine Möglichkeiten erweitert. Dazu gehörte die Fähigkeit, ohne viele Worte eine Beziehung zu einem anderssprechenden und andersdenkenden Menschen herzustellen oder ihm offen und wohlwollend zu begegnen. Ich lernte, dass ich in Momenten größter Verzweiflung nur weiterkommen kann, wenn ich mich meinen Ängsten stelle und mich mit ihnen konfrontiere, anstatt vor ihnen davonzulaufen.

Mit dem Entschluss, auf Gott zu hoffen und ihm zu vertrauen, und mit dem Eingeständnis, „nicht mein Wille, sondern dein Wille geschehe", öffneten sich plötzlich Türen für mich. Ich musste keine Superheldin sein, die aus eigenen Kräften die Flüchtlinge aus ihrer Misere retten will, sondern ich durfte mich Gott anvertrauen. Im bereits erwähnten burmesischen Dorf jenseits der grünen

Ich lernte, dass ich in Momenten größter Verzweiflung nur weiterkommen kann, wenn ich mich meinen Ängsten stelle und mich mit ihnen konfrontiere, anstatt vor ihnen davonzulaufen.

Grenze hatte unsere Missionsgesellschaft eine Schule aufgebaut, in der Kinder jeglicher ethnischen Gruppen aufgenommen wurden. Ich erhielt den Auftrag, für die Gesundheit dieser Schüler zu sorgen. Aus einem gelegentlichen Gesundheitscheck entwickelte sich plötzlich eine medizinische Beratungsstelle für das ganze Dorf. Nachdem es sich herumgesprochen hatte, dass sich eine Krankenschwester um die Kranken kümmerte, erschienen die Patienten sogar von weit entfernten Dschungelsiedlungen, um Hilfe zu suchen. Da ich Kontakt zu einem Arzt in dem christlichen Krankenhaus hatte, in dem ich ursprünglich arbeiten sollte, verabreichte ich mit seiner Hilfe Medikamente und stellte Diagnosen, die meine Kompetenzen in einem Schweizer Krankenhaus bei Weitem überschritten hätten! Doch an einem Ort, an dem es nur wenige Alternativen für die Kranken gibt, lernte ich, mutig und entschlossen zu sein. Ich begleitete eine HIV-positive Frau über mehrere Monate und half durch Aufklärungsarbeit im Dorf mit, dass sie von den anderen Frauen nicht mehr wie eine Aussätzige behandelt wurde. Zusammen mit einer Englisch sprechenden Einheimischen führte ich Frauentreffen durch, um über gesundheitliche Themen zu sprechen. Wir lehrten die Frauen, wie sie durch Hygiene und Ernährung für die Gesundheit ihrer Familien sorgen konnten.

Stefan seinerseits half bei vielen praktischen Arbeiten mit. Als zusätzlich eine malaiische Zahnärztin mitsamt ihrer mobilen Zahnarztpraxis auftauchte, fanden die passiven Zeiten meines Mannes definitiv ein Ende. Er wurde zum Chauffeur und persönlichen Assistenten der Zahnärztin erkoren. Die erfolgreichen Zahnbehandlungen sprachen sich schnell rum und wieder nahmen Leute tagelange Fußmärsche auf sich, um sich ihre Zähne reparieren oder ziehen zu lassen. Stefan brüstet sich bis heute gerne damit, dass er im Notfall wüsste, wie ein Zahn fachgerecht gezogen wird!

Dieses Jahr in Thailand bescherte uns also nicht nur Frust, sondern auch viele Freuden und kleine, persönlich errungene Siege. Wir wuchsen als Ehepaar enger zusammen, wurden innerlich geformt und herausgefordert. Nicht zuletzt erhielten wir in diesem Jahr Klarheit über den zukünftigen Platz, den Gott sich für uns vorstellen konnte. Stefan stellte nämlich durch diese Missionserfahrung fest, dass er mit den Vorstellungen eines Kindes nach Thailand gereist war. Er erwartete Abenteuer und Spaß, enge Beziehungen und bedeutungsvolle Aufgaben – so wie er es eben als Kind erlebt hatte. Während seiner Kindheit hatte er jedoch nie die Seite seiner Eltern gesehen, ihre Kämpfe, Schwierigkeiten und Herausforderungen. Stefan betrachtete die Welt und die Mission mit den Augen eines Kindes.

So gesehen war dieses Jahr in Thailand heilsam und Augen öffnend. Es zeigte uns unsere Begabungen und unsere Grenzen: Stefans Leidenschaft, Beziehungen mit Jugendlichen zu leben und sie in ihrem Glauben an Gott zu begleiten, erfordert dieselbe Sprache und seine große Mühe, eine fremde Sprache zu erlernen, wurde ihm zu seiner Grenze. Meine Gabe, Frauen anzuleiten und zu begleiten, konnte ich zwar auch in Thailand ein Stück weit leben, jedoch merkte ich, dass die Arbeit in einem internationalen Team viel zu viel von meiner kostbaren Energie forderte und sie mir dann an anderen Orten fehlte. So wurde uns bald klar: Wir bleiben nach der Thailandzeit in der Schweiz! Aus dem bis jetzt härtesten Jahr meines Lebens wurde eine der fruchtbarsten Zeiten für meine Seele!

12. Irgendwo im Nirgendwo

„Tu, was du kannst, und bete um das, was du nicht kannst, so wird Gott dir geben, damit du kannst."
Augustinus Aurelius

Während unserer Zeit in Thailand war das Fortbewegungsmittel Nummer eins unser Roller, eine rote Honda. Das alleine war schon eine riesige Grenzerweiterung meinerseits, habe ich doch immer lautstark verkündet, dass ich mich *nie* auf ein solches Gefährt setzen würde. Viel zu gefährlich und unberechenbar! Tja, sag niemals nie; denn schneller als ich „Roller" sagen konnte, schleppte mich mein Mann vor unserem Missionseinsatz zu einem „Rollerfahrkurs". Der gab mir dann wenigstens die Sicherheit, dass ich so ein Ding steuern kann, und nahm mir die erste Angst. Ob ich jedoch auf einer ruhigen, gepflasterten Schweizer Straße meine Runden drehte oder am Ende der Welt während der Regenzeit über eine Naturstraße schlitterte – das war dann doch ein ziemlich gewaltiger Unterschied! Aber auch hier galt: Man wächst mit den Herausforderungen! Ich hätte nie gedacht, dass es mir mit der Zeit sogar Spaß machen würde, mit dem Roller unterwegs zu sein!

Von den Einheimischen lernten wir, dass es nichts, absolut nichts gibt, was man nicht auf einem Roller transportieren könnte. Dazu zählten Haustiere, Großfamilien, Reissäcke, Betten und ganze Marktstände. Auch wir waren oft zu dritt auf dem Roller unterwegs, zusammen mit unserer philippinischen Mitbewohnerin. Einmal hatte mein Mann die glorreiche Idee, unseren großen Rollkoffer vom Busbahnhof bis zu unserem Haus hinter unserem Roller herzuziehen. Obwohl wir einen wirklich guten Markenkoffer hatten, konnten seine Räder der Geschwindigkeit und dem schlechten Straßenbelag nicht standhalten. Zu Hause angekommen konnten wir unseren Koffer nicht mehr Rollkoffer nennen, denn die Räder waren so abgewetzt, dass wir ihn von da an tragen mussten.

So machten wir viele neue Erfahrungen zusammen mit unserer roten Honda, aber in allem stand fest: Ich steuerte am liebsten selber und hatte das Lenkrad gerne selber in den Händen. Hinter meinem Mann auf dem Beifahrersitz zu verharren, war für ihn eine Gedulds- und für mich eine Nervenprobe. Als Mitfahrerin fühlte ich mich ausgeliefert und hatte ständig das Gefühl, dass er zu schnell fuhr, zu flott in die Kurven ging, im Schlammloch zu viel Gas gab usw. Ich gelangte schnell zu der Überzeugung, dass ich die bessere Fahrerin sei als er, und so saß er oft, völlig frei von irgendwelchen Ängsten, auf dem Rücksitz und ließ sich von mir chauffieren.

Wenn wir in den Gottesdienst fuhren, trug ich einen *Longyi*, einen burmesischen Wickelrock. Damit setzte ich mich ganz in einheimischer Manier hinter meinen Mann auf den Roller – im Damensitz! – und ließ Stefan widerwillig an den Lenker. So fuhren wir einmal Richtung Kirche und ich krallte mich verkrampft an meinem Mann fest, denn beim Seitwärtssitzen fühlte ich mich noch unsicherer. In einer engen Kurve legte sich die Maschine nach rechts. Für mich war es, als rutschten wir aus und ich fiele auf den Rücken. Mit einem Schrei sprang (!) ich vom fahrenden Roller auf die Straße. Damit ich in meinen Sandalen und wegen des Tempos nicht zu Fall kam, musste ich, kaum am Boden angekommen, rennen und – überholte meinen Roller fahrenden Mann! Er schaute mich entgeistert an und stoppte die Fahrt, um mich zu fragen, ob ich von allen guten Geistern verlassen sei. Ich verteidigte mich und entgegnete ihm, dass er zu schnell in die Kurve gefahren sei und ich Angst gehabt hätte zu stürzen. Er erwiderte ganz gelassen: „Wenn du mich zu Fuß überholen kannst, dann bin ich wohl kaum zu schnell gefahren!"

Rückblickend muss ich zugeben, dass ich genauso schnell fuhr wie er. Wenn ich aber selber am Lenker saß, dann hatte ich das Gefühl, den Roller im Griff zu haben und beeinflussen zu können. Auf dem Beifahrersitz hingegen überfiel mich regelmäßig das Gefühl des Ausgeliefertseins.

Ironischerweise wurden mir genau der Roller und mein Hang zur Kontrolle eines Tages zum Verhängnis – oder zu einer Lektion fürs Leben.

Ich war alleine unterwegs auf einer halbstündigen Fahrt zum kleinen Krankenhaus, das sich im Nachbardorf befand. Dort wollte ich ein Mädchen besuchen. Einige Tage vorher hatte ich das an der Schwelle des Todes erkrankte Kind mit meinem Roller von der burmesischen Seite über die grüne Grenze nach Thailand gefahren, um es ins Krankenhaus zu bringen.

Die Strecke dorthin war abgelegen und schlängelte sich durch tropisches Waldgebiet. Verkehr auf diesem Weg gab es kaum. Mitten im Nirgendwo ertönte plötzlich ein riesiger Knall und dem Pneu am Hinterrad entwich die Luft. Da stand ich nun am Straßenrand in der Pampa bei gefühlten 40 Grad Hitze und konnte weder vor noch zurück! So schnell wie die Luft aus dem Pneu entwich, so schnell verlor ich die Kontrolle über diese Situation. Ich fühlte mich hilflos und geriet in Panik. Was sollte ich tun? Ich war in einem fremden Land, konnte auf Thailändisch nur „Hallo" und „Reis essen" sagen, fast niemand hier sprach Englisch. Und selbst alle Sprachen der Welt würden mir nichts nützen, wenn niemand auftauchte, um mir zu helfen.

Mein erster Impuls war, meinen Mann anzurufen und mich von meinem Ritter in glänzender Rüstung retten zu lassen. Zu allem Übel befand ich mich aber in einem Funkloch und ich hatte absolut keinen Empfang. Ich war abgeschnitten von jeglicher Hilfe, und das war so ziemlich das Schlimmste, das mir als Kontrollmensch passieren konnte.

Genau diese Momente des Sich-ausgeliefert-Fühlens nutzte Gott, um sich in meinem Leben real zu machen. Ich muss zu meiner Schande gestehen, dass ich oft meine, Gott nicht zu benötigen, denn ich habe ziemlich vieles selber im Griff. Aber dort am Straßenrand schrie ich innerlich zu Gott und bat ihn, einzugreifen. Ich erzählte ihm, dass ich Angst hätte, dass ich nicht wisse, was zu tun sei, und bat ihn, mir Weisheit, einen klaren Kopf und Hilfe zukommen zu lassen.

Ich war abgeschnitten von jeglicher Hilfe, und das war so ziemlich das Schlimmste, das mir als Kontrollmensch passieren konnte.

Gott kennt meine Grenzen auch; er wusste, dass er mich da nicht stundenlang stehen lassen konnte, ohne dass ich seelischen Schaden davontragen würde. Und so passierte alles in nur wenigen Minuten: Mit dem Gebet kam Ruhe über mich und ich konnte klar denken. Mit dem Denken entstand ein Plan, wie ich vorgehen würde, und es wuchs das tiefe Vertrauen, dass Gott alles im Griff hatte. Der Motor meiner Maschine war noch nicht abgekühlt, da kam plötzlich ein Auto um die Kurve gefahren. Es war nicht einfach ein Auto, nein, es war ein Pick-up mit großer Ladefläche – leer, wohlgemerkt! Ein paar Männer saßen im Auto und der Fahrer hielt neben mir an. Der eine sprach gutes Englisch und ich konnte mein Problem schildern. Ohne viele Worte packten die Männer meine Honda und mich kurzerhand auf die Laderampe und fuhren mich zum nächsten Mechaniker. Dort angekommen, wechselte dieser in Nullkommanichts den Schlauch und ich war wieder „on the road"!

Durch diese schwierige Situation lehrte mich Gott die Lektion, dass *er* meine Situation immer im Griff hat, dass ich ihm mehr vertrauen darf. Denn genauso wie ich Mühe hatte, die Kontrolle auf dem Roller meinem Mann zu überlassen, so hatte ich oft Angst, meine Kontrolle Gott abzugeben, meinen Griff zu lockern und zu sagen: „Ich vertraue dir! Bei dir bin ich in besten Händen! Du willst nur das Beste für mich!"

Während ich dies schreibe, stelle ich mir die Frage, was Gott wohl über meinen Hang zum Kontrollieren denkt. Und ich komme schmunzelnd zu dem Schluss, dass es ihm in dieser Beziehung vielleicht ähnlich geht wie meinem Mann. Mein Mann kennt mich und meinen Hang zur Kontrolle. Er weiß, dass es mir Sicherheit gibt, wenn ich die Dinge im Griff habe. Weil er mich liebt, ist er sehr tolerant mit mir und duldet vieles. Er erzwingt weder die Kontrolle, noch will er mich vom Gegenteil überzeugen, sondern er sitzt ganz „gentlemanlike" hinten auf dem Sitz und überlässt mir das Steuer.

Dann gibt es aber immer wieder diese „Vom-Roller-springen"-Momente, in denen mein Hang groteske Züge annimmt und ich völlig überspitzt reagiere. In diesen Momenten erinnert mich mein Mann liebevoll, manchmal ernsthaft daran, dass ich meinen Fokus wieder aufs Wesentliche richten, also den Realitätsbezug nicht verlieren soll. Wenn ich mich hingegen in einer Situation ausgeliefert fühle und mir die Kontrolle entgleitet, dann ist mein Mann mir einfach tröstend und ermutigend nahe. Er erinnert mich daran, dass er mich nicht alleine lässt.

Ich mache die Erfahrung, dass Gott genauso „gentlemanlike" ist und mich gewähren lässt, wenn ich mich an mein eigenes Lebenssteuer festklammern will. Er sitzt aber immer hinten auf dem Beifahrersitz und ist mit dabei. Selbst wenn ich mich dann in ein Schlagloch manövriere oder den falschen Weg einschlage, ist er da und wartet darauf, dass ich bereit bin, meine Kontrolle abzugeben, und anfange, auf seine Führung zu vertrauen. Das Überraschendste und Ermutigendste in meinem Leben passiert nämlich oftmals genau in diesen Momenten.

Oftmals ist es so, dass ich einen geistlichen und körperlichen „Platten" erlebe, wenn ich mich auf meine eigenen Kräfte verlasse und ohne Gottes Beistand auf den Weg mache. Das ist dann jeweils der Moment, in dem ich die Grenze meiner inneren Kräfte überschreite und gar nicht „superheldinnenmäßig" irgendwann am Straßenrand des Lebens ohne Luft und komplett ratlos dastehe. Ich empfinde es immer wieder als Herausforderung, die Grenzen meines Tuns zu erkennen und in dem Moment auf Gott zu blicken, mit der Bitte, dass er

> **Wenn ich mich auf meine eigenen Kräfte verlasse und ohne Gottes Beistand auf den Weg mache, überschreite ich die Grenze meiner inneren Kräfte und stehe gar nicht „superheldinnenmäßig" komplett ratlos am Straßenrand des Lebens.**

das Seine dazutun möge, damit ich durch ihn für eine bestimmte Situation befähigt werde. Gott erwartet einerseits mein mutiges Handeln, das Aufsitzen und Mich-auf-den-Weg-Machen, sei dieser auch noch so unberechenbar. Andererseits erwartet er die Bereitschaft, mich von ihm leiten zu lassen. Dann begabt er mich auch in Krisensituationen, einen ruhigen Kopf zu bewahren und das Notwendige zu tun.

Ich habe dieses Erlebnis in der thailändischen Pampa tief in meiner Seele bewahrt, und wenn ich mich heute in ähnlichen Situationen befinde, erinnere ich mich an diesen hilflosen, verzweifelten Moment und an Gottes Antwort darauf!

13. Vom Glücksrausch zum Babyblues

> „Der Glaube ist ein zuverlässigerer Führer als der Verstand. Der Verstand kann nur bis zu seiner Grenze gehen, aber der Glaube kennt keine Grenzen."
> *Blaise Pascal*

Als wir nach einem Jahr aus Thailand zurückkehrten, brachten wir nicht nur viele Erinnerungen, Erfahrungen und Geschenke mit, sondern auch unser erstes Kind – original verpackt und ungeöffnet. Ich war heilfroh, dass ich der thailändischen Küche den Rücken kehren konnte, denn meine ersten vier Schwangerschaftsmonate verbrachte ich in konstanter Übelkeit und mit einer großen Aversion gegen Thai-Essen. Es ist nicht angenehm, wenn man weit ab von der westlichen Zivilisation lebt und der Nachbar immer morgens um fünf Uhr (!) seine Satay-Spießchen neben dem eigenen Schlafzimmerfenster grillt ... In einem Land, in dem man vor allem Hühner- und Schweinefleisch isst, hatte ich plötzlich ständig Lust auf Rindfleisch, das auf dem Markt zwar zu haben, aber auch nach stundenlangem Kochen noch zäh wie eine Schuhsohle war.

Wie schön war es da, wieder Schweizer Kost auf dem Tisch zu haben und sich auch sonst langsam auf die Ankunft des neuen Familienmitgliedes vorzubereiten. Für mich war diese Zeit vor der Geburt unserer Tochter wunderschön. Ich hatte keine Ahnung, was mich erwarten würde, hatte aber viele Vorstellungen. Zwar hörte ich, dass die Geburt schmerzhaft und ein Baby zu haben anstrengend sei, aber ich „wusste" es noch nicht, da ich es ja noch nicht selbst erlebt hatte. Ich konnte mir alles in meinen Lieblingsfarben ausmalen. Obwohl mit zunehmendem Bauch auch Gefühle der Unsicherheit aufkamen, überwog doch die Freude alle Zweifel.

Als es dann so weit war und die Geburt ihren Anfang nahm, glaubte ich während der ersten sieben Stunden noch, dass alle Frauen bezüglich des Ausmaßes der Schmerzen übertrieben hatten. Ich als die Starke und Selbstständige hatte den Schmerz total unter Kontrolle, konnte ihn lehrbuchmäßig wegatmen, in ihn hineinatmen, ihn willkommen heißen und loslassen. Aber weder Bücher, Erzählungen noch der Geburtsvorbereitungskurs konnten mich auf die Endphase der Geburt vorbereiten! Ich wurde brutal über meine Schmerzgrenze hinauskatapultiert – in ein Land, das ich nicht kannte und in dem ich den Wehen völlig ausgeliefert war. Ich konnte nicht mehr umkehren, sondern nur noch mitgehen, hin zu einem Ziel, das unerreichbar schien. Als unsere Tochter Julie dann in meinen Armen lag, geschah das Unglaubliche: Aus Schmerz wurde unbeschreibliche Freude, das Adrenalin meines Körpers verschaffte mir einen Glücksrausch, der über alles je Dagewesene hinausging.

Das Wissen, dass ich über meine Grenzen hinausgewachsen war, machte mein „Lebens-Land" ein Stück größer, und bis heute gehe ich anders mit Schmerzen um. Ich hatte zum Beispiel immer entsetzliche Angst vorm Zahnarzt oder Hausarzt. Obwohl ich als Pflegefachfrau Hunderte Nadeln in Leute gepiekt hatte, machte ich mir bei jeder Spritze, die für mich bestimmt war, fast in die Hose. Das ist heute nicht mehr so. Es gibt einen

Platz ganz tief in mir drin, wo ich die Kraft finde, Schmerzen besser zu ertragen, sie auszuhalten und zu wissen, dass es vorbeigehen wird. Es ist der Ort, an den ich mich innerlich zurückziehe, wenn Schmerzen bevorstehen, und an dem ich durch Visualisierung eines schönen, friedlichen Bildes und durch bewusstes Atmen so entspannt wie möglich bleiben kann.

Aus Schmerz wurde unbeschreibliche Freude, das Adrenalin meines Körpers verschaffte mir einen Glücksrausch, der über alles je Dagewesene hinausging.

Obwohl ich nach der ersten Geburt wusste, was mich erwartete, habe ich mich auch bei den anderen zwei Babys für eine natürliche Geburt entschieden. Ich habe die Erfahrung gemacht, dass mein Körper und meine Seele den Schmerz aushalten können und dass für mich der Gewinn höher ist als der Preis, den ich für die Schmerzen während der Geburt bezahle. Ich kenne aber Frauen, die völlig andere Erfahrungen gemacht haben, und bei denen der Schmerz eine Grenze war, die sie nicht überschreiten konnten oder wollten. Die Möglichkeit, diese Schmerzen zu umgehen, war für sie nicht nur eine Option, sondern das einzig Richtige.

Richtig oder falsch? Mit den Jahren habe ich mehr und mehr gelernt, dass ich nicht mit „richtig" oder „falsch" bewerten kann, wenn es um persönliche Grenzen anderer geht. Ich habe den Eindruck, dass gerade wir Frauen und Mütter manchmal sehr hart mit anderen und uns selber ins Gericht ziehen. Aber wie kann ich eine andere Frau verurteilen, weil sie nicht so ist oder so handelt wie ich? Ich kenne ihre Möglichkeiten und Widerstandskräfte nicht und weiß nicht, wo ihre Grenzen liegen oder welche Umstände ihre Grenzen festgelegt haben. Wie schnell war ich in der Vergangenheit mit einem Urteil zur Stelle und erhob mich über eine andere Person, weil ich dachte, *ich* sei richtig und *sie* sei falsch. Jesus nimmt zu einem solchen Denken ganz klar Stellung:

> *„Urteilt nicht über andere, damit Gott euch nicht verurteilt. Denn so wie ihr jetzt andere richtet, werdet auch ihr gerichtet werden. Und mit dem Maßstab, den ihr an andere anlegt, werdet ihr selbst gemessen werden. Warum siehst du jeden kleinen Splitter im Auge deines Mitmenschen, aber den Balken in deinem eigenen Auge bemerkst du nicht?" (Matthäus 7,1–3).*

Nach der Geburt unserer ersten Tochter musste ich lernen, dass sich das Blatt schnell wenden kann und ich keine Superheldin-Mama war, so wie ich mir das vorgestellt hatte. Der hormonell bedingte Glücksrausch dauerte etwa eine Woche an und was dann geschah, hatte ich mir vorher auch anders vorgestellt. Meine mir zurechtgelegten Ideen der ersten Wochen als Mutter beinhalteten harmonisches Glück, zufriedene Stillsessions, Spaziergänge, Besuche von Freunden und reibungslose Abläufe beim Versorgen des kleinen Wesens.

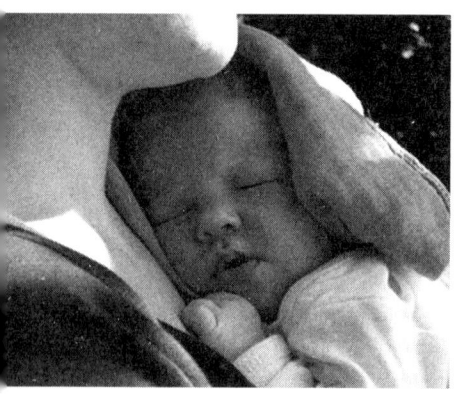

Stattdessen bekam ich wunde Brustwarzen, eine vorübergehende Stuhlinkontinenz wegen eines größeren Dammrisses, ein Schreibaby und – den Babyblues! Weg waren die Glücksgefühle! Plötzlich waren da nur noch unbestimmte Angst, Überforderung und Hilflosigkeit. Meine Grenzen um mich wurden plötzlich so eng, dass es mir den Atem nahm.

Drei Wochen nach der Geburt musste mein Mann für eine Woche beruflich verreisen und ich war „allein". Da schlug das ultimative Lähmungsgefühl zu. Ich kann mich erinnern, dass meine Tochter Julie schrie (das tat sie während der ersten Wochen täglich vom späteren Nachmittag bis Mitternacht), ich danebensaß wie ein Häuflein Elend und weinte. In dieser Woche der engen Grenzen und geschrumpften Ressourcen schritt meine Familie beherzt ein und ergänzte mich. Meine Schwiegermutter zog bei mir ein und kümmerte sich in der Nacht um Julie, damit ich schlafen konnte. Meine Mutter ging mit mir spazieren und trug die weinende Julie geduldig herum.

In dieser Zeit fühlte es sich für mich so an, als würde mein Leben nie wieder anders werden, als würde es immer so klein und ich so unfähig bleiben. Ich war auf Hilfe angewiesen. Ich weiß noch, wie ich mich anfangs dafür schämte, dass ich nicht einmal fähig war, mich um meine Tochter zu kümmern und meine Schwiegermutter die Nachtschicht übernehmen musste. Ich verspürte ein riesiges Gefühl des Versagens als Mutter und stand gleichzeitig vor den Scherben meiner „Superheldin-Mama-Idealvorstellungen". Ich hatte definitiv eine Grenze erreicht.

Ich stand vor den Scherben meiner „Superheldin-Mama-Idealvorstellungen".

Schon der Apostel Paulus rät uns, in solchen Situationen uns gegenseitig zu unterstützen und Hilfe anzunehmen:

„Jeder soll dem anderen helfen, seine Last zu tragen. Auf diese Weise erfüllt ihr das Gesetz, das Christus uns gegeben hat. Wer sich jedoch einbildet, besser zu sein als die anderen, der betrügt sich selbst. Darum soll jeder sein Leben genau prüfen. Dann wird er sich über seine guten Taten freuen können, aber keinen Grund zur Überheblichkeit haben" (Galater 6,2–4).

Die Erfahrung zu machen, dass auch ich schwach und auf Ergänzung angewiesen bin, machte mir bewusst: Ich bin diesbezüglich nichts Besonderes! Zu denken, ich hätte immer alles im Griff und mir stünden grenzenlose Weisheit und Stärke zur Verfügung, war ein Trugschluss, dem meine Seele noch heute immer wieder gerne auf den Leim geht. Ich – die Starke – war in den ersten Wochen meiner Mutterrolle schwach und brauchte Ergänzung. Schlussendlich gewann ich aus dieser Erfahrung neuen Mut und nach und nach auch meine Stärke zurück. Der Mut und die Stärke erwuchsen daraus, dass ich meine unrealistischen Erwartungen an mich und mein Muttersein anpassen konnte und somit auch wieder ermutigende und stärkende Momente erlebte; nicht mehr in der Überforderung, sondern im Machbaren.

Es gibt immer wieder Zeiten in meinem Leben, in denen ich nicht selber aus den einschränkenden Begrenzungen der Umstände herausfinden kann. Dann bin ich auf Hilfe angewiesen, und diese anzunehmen macht mich nicht klein, sondern ehrt Gott in meinem Leben. Paulus schreibt in diesem Zusammenhang: *„Gott hat zu mir gesagt: ‚Meine Gnade ist alles, was du brauchst! Denn gerade, wenn du schwach bist, wirkt meine Kraft ganz besonders an dir.' Darum will ich vor allem auf meine Schwachheit stolz sein. Dann nämlich erweist sich die Kraft von Christus an mir"* (2. Korinther 12,9). Genau in dieser göttlichen Wahrheit zeigt sich für mich der Unterschied zu Überzeugungen, die mir sonst in dieser Welt begegnen. Viele meinen, die Grenzen existierten nur in meinem Kopf und ich käme mit meinem Willen und meiner Kraft an jedes angepeilte Ziel. Ich kenne Leute in meiner Umgebung, denen scheint das zu gelingen. Es stellt sich natürlich immer die Frage, zu welchem Preis, aber diese „Gipfelstürmer" gibt es, die mit schierer Willenskraft einfach alles zu erreichen scheinen. In der Beratung und Begleitung von Menschen begegne ich jedoch einer weit anderen Realität. Dort scheitern viele Menschen an diesem Anspruch und sie kommen an ihre Grenzen, erleben Situationen, die sie nicht bewältigen können, und bleiben auf dem Weg zum „Gipfel" einfach liegen. Ihnen würde die Antwort „Die Grenze besteht nur in deinem Kopf, du musst nur wollen!" genauso wenig helfen, wie sie mir während meines Babyblues geholfen hätte. Wenn an der Grenze meiner Kräfte und meines Könnens weder „Wollen" noch „Sollen" mich weiterbringen, habe ich da nur noch die Möglichkeit, zurück in mein Schneckenhaus der vermeintlichen Sicherheit zu kriechen? Für die Welt wäre ich dann eine Versagerin, eine, die zu wenig Mumm hat, um sich hoch hinauf zu bewegen.

Wie froh bin ich um die göttliche Wahrheit! Gerade wenn ich schwach bin, wirkt Gottes Kraft ganz besonders an mir. Paulus, der diese Worte im Korintherbrief schrieb, war in meinen Augen ein großer Mann mit großen Visionen. Aber gerade er erwähnt, dass er auf seine Schwachheit stolz sein will, denn durch sie erweist sich die Kraft von Christus an ihm!

Gerade wenn ich schwach bin, wirkt Gottes Kraft ganz besonders an mir.

Die Lobpreisband „All Sons & Daughters" singt in einem ihrer Lieder: „Die Freiheit von morgen ist die Hingabe von heute." Das englische Wort für Hingabe ist „surrender"; man kann es aber auch mit „Kapitulation" übersetzen. Genauso erging es mir in der ersten Zeit meines Mutterseins: Ich erfuhr eine Grenze, die ich in dem Moment mit eigenen Kräften nicht überwinden konnte, und musste kapitulieren. Vor Gott zu kapitulieren, also ihm zu sagen: „Ich bin schwach, Herr, hilf du mir!", führt bei Gott niemals in Gefangenschaft, sondern immer in die Freiheit! Wenn ich mich ihm ganz hingebe, dann führt er mich in eine

Freiheit, die die Welt nicht kennt; er macht mich frei von den Grenzen meines Verstandes und meiner Gefühle. Blaise Pascal bringt es so auf den Punkt: „Der Verstand kann nur bis zu seiner Grenze gehen, aber der Glaube kennt keine Grenzen."

In meinem Leben sollen das einzig Grenzenlose mein Glaube und das Vertrauen in Gottes Kraft sein. Wenn ich daran festhalte, dann darf ich offen zu meinen Grenzen stehen – im Wissen darum, dass es Gott möglich ist, trotz oder vielleicht gerade wegen meiner Schwachheit mein „Lebens-Land" zu erweitern.

14. Mein Versuch, mit zu vielen Bällen zu jonglieren

„Wäre nicht das Nein, so wäre das Ja ohne Kraft."
Friedrich Wilhelm Joseph von Schelling

Seit meiner Kindheit liebe ich den Zirkus und seine schillernd-spektakulären Nummern in der Manege. Der Jongleur zum Beispiel hat mit drei Bällen angefangen, aber jetzt haben sie sich verdoppelt und er schickt sie mit scheinbarer Leichtigkeit und höchster Konzentration immer wieder in die Umlaufbahn, nur um sie dann gleich wieder mit der Hand einzufangen und weiterzuwerfen. Jedes Mal, wenn ich eine solche Nummer sehe, bin ich fasziniert von der Schnelligkeit und der Präzision des Künstlers, der trotz der wirbelnden Bälle immer noch weiterlächelt und mit dem Publikum interagiert. Sein Kunststück währt nur einige Minuten, dann sammelt er seine Bälle ein, verbeugt sich und verschwindet aus der Zirkusmanege.

Während der ersten zwei bis drei Jahre meines Mutterseins war ich auch eine solche Geschicklichkeitskünstlerin in der Manege meines Lebens und versuchte, eine Superheldin zu sein, die zu jeder Zeit eine Glanzleistung hinlegen kann. Meine Bälle hießen zwei Kinder, Arbeit im Krankenhaus, Ausbildung zur

Seelsorgerin, Job meines Mannes, Mitarbeit in der Kirchengemeinde und, und, und. Unser Leben als Familie musste minutiös geplant sein, damit mir ja keiner dieser Bälle runterfiel. Ich hatte oft das Gefühl, dass wir in keinen Rhythmus kamen, weil mein Mann viel beruflich und privat unterwegs war und ich monatlich andere Schichtpläne hatte. Ohne meine Eltern, die uns in dieser Zeit tatkräftig mit der Kinderbetreuung unterstützten, wäre es überhaupt nicht zu schaffen gewesen.

Während die Nummer des Artisten im Zirkus nur einige Minuten dauert, schien mein Auftritt überhaupt kein Ende nehmen zu wollen und es zeigten sich bei mir erste Ermüdungserscheinungen. Das wöchentliche Planen mit meinem Mann wurde mir zur Bedrohung und oftmals schnürte es mir dabei die Kehle zu. Wir spielten uns Tag für Tag, Woche für Woche die Bälle zu – hin und her, in einem schwindelerregenden Tempo. Für mich wurde es immer schwieriger, keinen Ball fallen zu lassen. Immer häufiger war es so, dass ich nach einer Spätschicht um Mitternacht nach Hause kam, vom Stress bei der Arbeit noch völlig mit Adrenalin vollgepumpt und nicht fähig, gleich einzuschlafen, nur um übermüdet und gereizt am nächsten Morgen um sieben Uhr von meinen Kindern aus dem Schlaf gerissen zu werden. Das zerrte an meinen Nerven und meine Energiereserven schrumpften immer mehr – eine Grenze war erreicht.

Als unser zweites Kind, Finn, einige Monate alt war, sprachen Stefan und ich das erste Mal darüber, was wir in unserem Leben ändern müssten, um das Gleichgewicht wieder herzustellen. In mir sträubte sich etwas, meinen Job an den Nagel zu hängen. Ich hatte die Einstellung, dass ich nicht zu den Müttern gehöre, die Job und Familie nicht unter einen Hut bringen kön-

> **Für mich wurde es immer schwieriger, keinen Ball fallen zu lassen.**

nen. Ich sah andere Frauen, die das doch auch schafften und nicht einfach aufgaben. Da war zum Beispiel eine Frau, die alleinerziehend war und in der Nachtschicht arbeitete. Wenn sie am Morgen nach Hause kam, weckte sie ihren Sohn, frühstückte mit ihm und schickte ihn zur Schule. Danach ging sie für drei Stunden schlafen, bis er von der Schule nach Hause kam – mehr Schlaf gab es bis zum Abend nicht. Da war eine andere, die immer Vollzeit gearbeitet hatte – auch in ihren Schwangerschaften, sozusagen bis zum Blasensprung. Nach dem kurzen Mutterschaftsurlaub ging sie wieder 80 Prozent arbeiten. Das waren in meinen Augen die wirklich toughen Frauen!

Mir eingestehen zu müssen, dass ich meine Bälle des Lebens nicht länger in der Luft halten konnte, kostete mich enorm viel Stolz. Ich wollte alles: Ich wollte Kinder, zusammen mit meinem Mann ein alternatives Familienleben führen, in dem beide in Teilzeit arbeiteten, und mich auch noch persönlich weiterentwickeln. Und ich wollte es *jetzt*.

Dieses „Jetzt" wurde dann zum Schlüssel in meinem Prozess des Loslassens. Ich musste mich fragen: „Was ist jetzt wichtig?" Jetzt, in der aktuellen und intensiven Kleinkindphase; jetzt, in der Zeit mit Baby, Brei und Windeln; jetzt, in den schlaflosen Nächten mit zahnendem Sohnemann. Mir wurde bewusst, dass ich mich an meine Kraftgrenzen und darüber hinaus peitschte, weil ich den Anspruch an mich hatte, irgendein Ideal zu erfüllen, das die Gesellschaft, aber auch meine eigene Vorstellung mir aufzwang.

In der Kleinkindphase redeten Stefan und ich uns mit dem Spruch „Es ist alles nur eine Phase!" gut zu und machten uns gegenseitig Hoffnung. Nacht für Nacht ein schreiendes Kind, weil es Zahnschmerzen hat? Nur eine Phase, es geht vorbei! Ein trotziges Kind, das nicht gehorchen will? Geht vorbei! Weshalb, fragte ich mich dann, wollte ich unbedingt in der intensivsten

Familienphase so viel unter einen Hut bringen, dass es zu allen Seiten herausquoll?

Im Begleiten meiner Kinder, bis sie erwachsen sind, ist vieles eine Phase, aber eines bleibt und verändert sich nicht: Ich bin und bleibe Mutter. Muttersein ist nicht bloß eine Phase, die dann wieder vorbeigeht. Klar, meine Aufgabe als Mutter verändert sich mit den Jahren, aber nicht meine Rolle! Ich kam zu der Einsicht, dass ich nicht eine Mutter sein will, die ständig müde und genervt ist, weil sie so sehr mit Jonglieren beschäftigt ist. Ich wollte Energie haben für Spontanität und Unvorhergesehenes. Mein Schwerpunkt in dieser anstrengenden Phase sollte auf den Kindern liegen. Die Zeit für meinen Beruf als Pflegefachfrau würde dann später wiederkommen. Mit dieser Einstellung war eine Entscheidung plötzlich kein Versagen oder Aufgeben mehr, sondern lediglich ein neues Fokussieren auf das Wesentliche. Ich durfte mich abgrenzen und entscheiden, wie viele Bälle ich in der Luft halten kann, ohne dass jemand Schaden nimmt. Oder anders gesagt: Ich nahm mal meinen Hut vom Kopf und schaute, wie viel denn ganz realistisch gesehen darin Platz hatte. Während der nächsten fünf Jahre arbeitete ich in einem Büro mit flexiblen, familienfreundlichen Arbeitszeiten. Im Jahr 2016 wusste ich dann: *Jetzt* ist es Zeit, zurück in meinen Beruf als Pflegefachfrau zu gehen – diesen Ball kann ich jetzt wieder ins Spiel bringen und ihn dort auch halten!

Ich peitschte mich an meine Kraftgrenzen und darüber hinaus, weil ich den Anspruch an mich hatte, irgendein Ideal zu erfüllen, das die Gesellschaft, aber auch meine eigene Vorstellung mir aufzwang.

In der Weihnachtszeit 2017 hörte ich eine Predigt, die mich persönlich herausforderte, darüber nachzudenken, welche Prioritäten ich in meinem Leben setze. Der Text aus Matthäus 15,21–28 war Grundlage der Predigt und erzählt eine der für mich unangenehmeren Begebenheiten, da er eine Seite von Jesus beschreibt, die mir nicht so behagte und die ich bis dahin auch nicht einordnen konnte. Jesus war mit seinen Jüngern unterwegs, als ihm eine kanaanitische, also eine nicht jüdische Frau, begegnete. Diese flehte ihn laut an:

> *„Herr, du Sohn Davids, hab Erbarmen mit mir! Meine Tochter wird von einem bösen Geist furchtbar gequält." Aber Jesus gab ihr keine Antwort. Seine Jünger drängten ihn: „Erfüll doch ihre Bitte! Sie schreit sonst dauernd hinter uns her." Jesus entgegnete: „Ich habe nur den Auftrag, den Menschen aus dem Volk Israel zu helfen. Sie sind wie Schafe, die ohne ihren Hirten verloren umherirren"* (Verse 22–24).

Als ihn diese Frau anflehte, gab Jesus erst mal keine Antwort! Er ignorierte sie einfach – er, der Gottessohn und Menschenfreund! Als sie aber hartnäckig blieb, fanden das die Jünger lästig und baten Jesus, ihr doch einfach den Wunsch zu erfüllen, damit Ruhe einkehren würde (ein bisschen wie bei einem Kind, das ständig um Schokolade bettelt, bis man sich erweichen lässt). Jetzt sprach Jesus zu den Jüngern und erklärte ihnen, warum er sich abgrenzte. Er hatte von Gott einen Auftrag für die Juden erhalten und darauf konzentrierte er sich. Jesus konnte „Nein" sagen, und zwar gelang ihm das so klar, weil er wusste, wozu er „Ja" gesagt hatte. Er kannte seinen Auftrag und erfüllte ihn, ohne sich beirren zu lassen. Er musste nicht klein beigeben und „Ja" sagen, um Menschen zu gefallen oder beliebt zu sein. Seine Augen waren auf den von Gott gegebenen Auftrag gerichtet.

Diese Predigt hörte ich gerade in einer Zeit, in der ich mit meinem Alltag haderte. Ich war unzufrieden, weil ich meiner

Ansicht nach nicht alles machte, was zu einer guten Christin gehört und Gott oder Menschen von mir erwarteten. Ich nahm mir fast keine Zeit, um Beziehungen zu Nachbarn und Freunden zu pflegen. Ich hatte das Gefühl, dass ich ständig nur mit dem Nötigsten – meinem Tagesgeschäft – beschäftigt war und ich doch noch so viel mehr sollte, wollte oder könnte. Einmal mehr begann ich, rechts und links zu schauen und mich mit anderen zu vergleichen. Mit denen, die sich Zeit nahmen für Menschen, ihnen sozial-diakonisch dienten und sogar mit Menschen die Extrameile gingen, ohne auf sich selber zu schauen. In mir stieg der Druck des „Ich sollte ... – ich tue nicht ... – ich bin falsch".

Mir wurde bewusst, dass ich oft einwillige, etwas zu tun, um niemanden zu enttäuschen, und ehe ich mich versehe, werfe ich wieder sechs oder mehr Bälle in die Luft und versuche mit klopfendem Herzen und Schweiß auf der Stirn, alles im Gleichgewicht zu halten.

Ein Sprichwort besagt, dass „das Gute der Feind des Besseren" sein kann. Wenn ich zu allem, was an mich herangetragen wird, Ja sage, dann mache ich vielleicht viele gute Dinge, auch gerade in der Kirchengemeinde. Aber all die vielen guten Dinge, die ich Menschen zuliebe tue oder weil man sie von mir erwartet, können mich vielleicht daran hindern, das „Bessere" aus vollem Herzen zu tun, nämlich das, was Gott für mich ganz persönlich vorgesehen hat. Was ist „mein Besseres"? Wozu habe ich Ja gesagt? Das waren Fragen, die mich in dieser Zeit kurz vor Weihnachten beschäftigten.

Gott sprach ganz direkt zu meinem Herzen: „Andrea, wozu hast du Ja gesagt?"

Genau in dieser Situation hatte ich das Gefühl, dass Gott ganz direkt zu meinem Herzen sprach: „Andrea, wozu hast du Ja gesagt?" – „Ich sagte Ja zu meiner Familie und zum Wiedereinstieg in meinen Beruf." – „Was noch?" – „Ich sagte Ja, Menschen zu beraten und seelsorgerlich zu begleiten, und ich sagte Ja, ein Buch zu schreiben." Und plötzlich wurde mir bewusst, dass ich vier Bälle in der Luft halte. Da sind meine drei permanenten: Familie, Beruf und Beratung. Und dann war vor einigen Monaten noch der Buch-Ball dazugekommen. Den musste ich nicht so lange in der Luft halten, aber er forderte extrem meine Aufmerksamkeit und Zeit.

Während ich auf meinem Stuhl im Gottesdienst saß, kam plötzlich Ruhe über mich und ich wusste: Mit meinem Ja zum Buchschreiben sagte ich auch Nein zu vielen anderen guten Möglichkeiten. Wenn ich aber bewusst Ja sagen kann zu meiner Entscheidung, dann kann ich auch, ohne etwas zu bereuen und ohne Verlustgefühle, Nein sagen.

Das Gleiche gilt für meine Familie: Wir haben uns für Kinder entschieden, und mit dieser Entscheidung akzeptiere ich auch die zeitintensive Aufgabe, sie in ein selbstständiges Leben zu begleiten und sie zu erziehen. Ich kann nicht mehr nur einfach für meine Bedürfnisse leben, und gewisse Beschäftigungen oder Aufgaben, die an mich herangetragen werden, darf ich auch dankend ablehnen. Wie Jesus, der sein Ziel vor Augen hatte, kann auch ich fokussierter und zielgerichteter leben, wenn ich meinen Auftrag – mein Ja – nicht aus den Augen verliere.

Was geschah mit dieser kanaanitischen Frau und ihrem Flehen Jesus gegenüber? Die Geschichte geht noch weiter:

> *„Die Frau aber kam noch näher, warf sich vor ihm nieder und bettelte: ‚Herr, hilf mir!' Jesus antwortete wieder: ‚Es ist nicht richtig, den Kindern das Brot wegzunehmen und es den Hunden hinzuwerfen.' ‚Ja, Herr', erwiderte die Frau, ‚und doch bekom-*

men die Hunde die Krümel, die vom Tisch ihrer Herren herunterfallen.' Da sagte Jesus zu ihr: ‚Dein Glaube ist groß! Was du willst, soll geschehen.' Im selben Augenblick wurde ihre Tochter gesund" (Matthäus 15,25–28).

Wow! Es gibt doch noch ein Happy End! Gott sei Dank wird mein Bild von Jesus nicht so getrübt, dass es mich in Glaubenszweifel stürzen würde oder mich an seiner Barmherzigkeit zweifeln ließe.

Der Pastor zeigte in seiner Predigt, dass Jesus in seinem radikalen „Ja-und-Nein-Sagen" elastisch blieb. Obwohl er die Frau konsequent ignorierte und ihr seine Hilfe verwehrte, weil sein Auftrag anders aussah, war er nicht starr und stur in seinen Überzeugungen. Er erkannte die Hartnäckigkeit und den großen Glauben dieser Frau, und den würdigte er, indem er ihre Herzensbitte erfüllte.

Aus dieser Geschichte habe ich für mich erkannt: Wenn ich so viele Bälle in der Luft jongliere, dass es mir den Schweiß auf die Stirn treibt, dann bin ich nicht mehr elastisch. Ich nehme mein Umfeld nicht mehr wahr, und wenn mir jemand einen neuen Ball zuwerfen will oder meine Aufmerksamkeit fordert, dann kann ich ihn nur ignorieren oder aber mein ganzes Ballspiel fällt auseinander. Ich habe schlichtweg keine Zeit, mich auf eine spontane Begegnung oder eine Einladung einzulassen. Wenn ich aber auch Nein sagen kann, weil ich weiß, wozu ich Ja gesagt habe, dann bleiben genug Platz und Elastizität, um einer unvorhergesehenen Situation Platz zu geben, um spontan jemandem, der Hilfe braucht, die Hand zu reichen oder meine Zeit und mein Ohr zu leihen.

Eine klare Stellungnahme in meinem Leben, ein klares Ja, aber auch ein klares Nein – all das entschleunigt meinen Alltag beträchtlich. Dann nämlich gelingt es mir plötzlich besser, mich von Erwartungen abzugrenzen und ganz bei mir und Gottes Plan zu bleiben.

15. „Bitte nachmachen!" – Übers Vorbildsein

„Das Leben der Eltern ist das Buch,
in dem die Kinder lesen."
Augustinus Aurelius

Nach einer anstrengenden Woche war am Samstag Entschleunigung angesagt. Vor allem bei unserer ältesten Tochter Julie merke ich gut, wenn sie Zeit für sich und ihre eigenen Projekte braucht. So konnte jeder am Samstagmorgen machen, was er wollte. Bald fanden sich alle drei Kinder in trauter Eintracht am Tisch wieder; jedes bewaffnet mit Ausmalbildern und Farbstiften. Während die Fünf Freunde für ein spannendes akustisches Abenteuer sorgten, malten sich die drei Künstler in ihr ganz persönliches Samstagmorgen-Glück. Unser Sohn Finn vertiefte sich schon fast in therapeutischer Achtsamkeit in ein ganz kompliziertes Mandalabild, das Geschick und vor allem Geduld erforderte. Julie war eher industriell und zielstrebig bei der Sache; sie wollte so viele Bilder wie möglich ausmalen. Emélie, unserer Jüngsten, wurde das Ausmalen bald zu langweilig. So begann sie, mit Schneiden und Kleben ihre Kreativität auszuleben.

Eigentlich hätte nichts unser idyllisches Familienbild stören können, wenn da nicht das Damoklesschwert namens „Jungschar" über unseren Köpfen geschwebt hätte. Bereits am Morgen kündigte mir Julie an, dass sie „gar keinen Bock" habe, am Nachmittag am Jungscharprogramm der Gemeinde teilzunehmen. Ich ließ das so stehen und wies sie darauf hin, dass sie ja jetzt erst einmal den ganzen Morgen für sich Zeit habe und machen dürfe, was sie wolle. Innerlich schrumpfte mein Mut, wenn ich an den Nachmittag dachte, denn ich ahnte, nein, ich wusste, dass meine willensstarke Tochter mir noch das Leben schwer machen würde mit dieser Entscheidungsfindung.

Als es dann so weit war, wappnete ich mich innerlich für einen Kampf mit der ganz klaren Absicht, ihn zu gewinnen. Am Mittagstisch blies Julie dann zum Angriff und unsere Klingen kreuzten sich. „Ich habe keinen Bock, drei Stunden von meinem freien Wochenende für die ‚Jungschi' herzugeben!", war ihre klare Ansage. „Ich bin jetzt immer gegangen und heute gehe ich halt mal nicht hin. Ich ziehe mich einfach nicht an, ich halte mich am Türrahmen fest! Mama, du kannst mich nicht dorthin bringen, wenn ich nicht will!"

Ich parierte natürlich wortgewandt mit Sätzen wie: „‚Ich habe keinen Bock' ist kein Grund, zu Hause zu bleiben!" – „Wer A sagt, muss auch B sagen!" – „Du wirst gehen, junge Dame, ob du willst oder nicht!" Während ich die elterlichen Plattitüden runterleierte, dämmerte es mir langsam, dass ich meine neunjährige Tochter tatsächlich schlecht zwingen konnte, irgendwo hinzugehen, wenn sie partout nicht wollte. Ich konnte sie mir weder unter den Arm klemmen, noch konnte ich sie mit mir ziehen, wenn sie sich wehrte. Ich könnte sie nur in die Jungschar bringen, wenn ich sie dafür gewinnen würde. Mir kam wieder in den Sinn, was ich doch in der Theorie längst wusste: „Begib dich nie in den Machtkampf mit deinen Kindern, du ziehst den Kürzeren." Was aber war die Alternative zu einem Machtkampf?

Während wir still weiteraßen und Waffenstillstand herrschte, begann ich innerlich zu beten. Ich war so wütend und hätte Julie am liebsten einfach gezwungen, egal wie. Wieso musste sie ein solches Theater machen? Wieso war mein Mann nicht da und wieso musste ich diesen Kampf alleine austragen? „Herr, gib mir Weisheit!", waren die Worte, die durch all die wütenden Fragen drangen. Ich war ratlos und wusste, dass ich mein Schwert niederlegen und aus dem Kampf aussteigen musste.

„Begib dich nie in den Machtkampf mit deinen Kindern, du ziehst den Kürzeren."

Naheliegend wäre vielleicht gewesen, nachzugeben und Julie ihren Willen zu lassen. Ich finde es immer schwierig, die Balance zu finden zwischen dem Ernstnehmen ihrer Bedürfnisse und dem Versuch, sie zu ihrem Glück „zu zwingen". Ich spürte aber, dass es um mehr ging, als einfach einer momentanen Laune zu folgen. Es ging um eine Lebenslektion, die unsere Tochter noch lernen darf: Eine Abmachung ist eine Abmachung und es gibt Verpflichtungen, die man wahrnehmen darf, auch wenn man im Moment keine Lust darauf hat. Wir zwingen unsere Kinder nicht, am Jungscharprogramm teilzunehmen. Wenn sie sich aber nach den Schulferien beim Neustart der Jungschar dafür entscheiden, dann ist die Entscheidung verbindlich. Tatsache ist, dass Julie immer total begeistert von der „Jungschi" nach Hause kommt, und ich wusste, dass es an diesem Samstag nicht anders sein würde.

Während ich um Weisheit betete, wurde plötzlich am Mittagstisch der verhärteten Fronten wahr, was in der Bibel steht: *„Wenn es jemandem von euch an Weisheit mangelt zu entscheiden, was in einer bestimmten Angelegenheit zu tun ist, soll er Gott darum bitten,* *und Gott wird sie ihm geben. Ihr wisst doch, dass er niemandem sein Unvermögen vorwirft und dass er jeden reich beschenkt"* (Jakobus 1,5). Vor meinem inneren Auge sah ich Stefan, wie er heute Morgen aus dem Haus ging. Beim Verabschieden erklärte er mir, dass dies für ihn der sinnloseste Tag des Jahres sei und er viel lieber zu Hause bliebe. Sein alljährlicher Weiterbildungskurs, der ihn dazu berechtigt, Kleinbusse für vierzehn Passagiere zu fahren, stand vor der Tür. Doch diese Kurstage sind für meinen Mann immer mit für ihn völlig unwichtigen Themen gefüllt. Um die Worte unserer Tochter zu benutzen: Mein Mann hatte heute Morgen auch absolut „keinen Bock". Er musste aber trotzdem am Kurstag teilnehmen, da es sonst für ihn negative Konsequenzen hätte und er bei der nächsten Jugendfreizeit keinen Kleinbus mehr fahren dürfte. „Weißt du, ich mach das Beste daraus!" Mit diesen Worten machte sich Stefan auf den Weg.

Es war, als hätte Gott mir mit dieser Parallele zu meinem Mann den Ball zugespielt, damit ich ihn weiterspielen konnte. So erklärte ich Julie, wie sich ihr Papa heute Morgen gefühlt und was er mir erzählt hatte. Ich beschrieb ihr, dass, wenn Stefan seiner Laune nachgegeben hätte, er Konsequenzen auf sich nehmen müsste. Darum entschied er sich trotz allem, das Beste aus der Situation zu machen. „Julie, genau das möchten wir für dein Leben, dass du lernst, aus unerwünschten, unerfreulichen Situationen das Beste  zu machen. Wenn dir das gelingt, dann erlebst du plötzlich, dass es ja überhaupt nicht so schlimm war, wie du es dir ausgemalt hast, und das macht dich stark und mutig." Ich merkte, dass das Gesicht meiner Tochter plötzlich nicht mehr so verbissen und streng aussah, sondern dass sich ihre Züge entspannten. Meine Worte schienen langsam in ihr zu wirken. Weiter erklärte ich ihr, dass sie genauso wie Stefan die Wahl habe, ob sie gehen möchte oder nicht. Dass ihre Entscheidung aber genauso wie bei ihrem Vater auch für sie Konsequenzen haben werde. „Was für Konsequenzen?", wollte Finn, der bis jetzt stiller Zuhörer war, ganz neugierig wissen. „Weisheit! Herr, Weisheit, und zwar sofort, bitte!", betete ich ratlos.

Bis nach dem Mittagessen musste ich mir eine Konsequenz für meine Tochter überlegen, denn Stefan und ich handhaben es so, dass die Konsequenz immer im Kontext steht und dazu noch durchführbar und realistisch ist. Wäre Stefan nicht zu seinem Weiterbildungstag gegangen, hätte er nächstes Jahr nicht mehr machen können, was er will: nämlich mit der Jugendgruppe nach Spanien zur Freizeit zu fahren. Und so kam ich zu dem Schluss, dass auch Julie während der Jungscharzeit nicht machen könnte, was sie wollte, sollte sie sich gegen die Jungschar entscheiden. Darum stellte ich sie vor die Wahl: Entweder könnte sie am kindgerechten Jungscharprogramm teilnehmen oder drei Stunden mit mir wandern gehen. Es war für mich sehr hart, diese Konsequenz zu wählen, denn ich hätte mein geplantes Nachmittagsprogramm auf den Kopf stellen müssen. Aber ich traf diese Entscheidung meiner Tochter zuliebe, damit sie lebenstüchtiger und mutiger würde.

Julie brauchte genau fünf Minuten, um sich zu entscheiden. Schlussendlich ging sie ohne Murren und Knurren zusammen mit ihrem Bruder in die Jungschar. Als sie danach nach Hause kam, sprudelte sie vor Freude über die erlebten Abenteuer über. Als ich sie fragte, ob sie wohl das Beste aus diesem Nachmittag gemacht habe, erwiderte sie ganz begeistert: „Mama, es war eine gute Entscheidung!" Amen!

Gott hat mich tatsächlich reich beschenkt mit einer gut dosierten Portion an Weisheit. Er ließ mich in meinem Unvermögen nicht allein. Er half mir, einen aussichtslosen Kampf zu beenden und meiner Tochter auf Augenhöhe zu begegnen, damit ich zu ihrem Herzen sprechen konnte und Gehör bei ihr fand. Hier wäre der perfekte

Gott beschenkte mich mit einer gut dosierten Portion an Weisheit. Er ließ mich in meinem Unvermögen nicht allein.

Schluss für dieses Kapitel, ein richtiges „Wohlfühl-Happy-End" für mich und meine Tochter. Aber Gott hielt noch eine weitere weise Einsicht bereit – und die war für mich persönlich weitaus unbequemer.

Am Montag, nur zwei Tage später, begann für unsere Tochter Emélie die alljährliche „Ruhewoche" im November, das heißt, sie hatte eine Woche Ferien vom Kindergarten. Diese zusätzliche Woche Ferien haben bei uns lediglich die Kindergartenkinder, und was für sie eine Ruhewoche ist, wird für uns Eltern eher zur Belastungsprobe, denn es ist ja keineswegs so, dass bei uns dann wirklich Ferienbetrieb herrscht. Die beiden Älteren mussten weiter zur Schule gehen, genauso wie Stefan und ich arbeiten mussten. So war Emélie nun zu Hause und wollte selten allein spielen. Sie verlangte Zeit und Aufmerksamkeit von mir.

Ich hatte – ausnahmsweise mal nicht sehr vorausschauend – mir Beratungstermine gesetzt und eine Teamsitzung stand auch noch an. Mein Montag war also komplett durchgeplant. Es war einer dieser Tage, die einfach zu wenig Stunden haben. Ich konnte mir keine Verschnaufpause gönnen. Am Abend waren dann meine „Batterien" leer und ich saß völlig saft- und kraftlos beim Abendessen. Meine Laune war auf dem Nullpunkt angelangt, vor allem in Anbetracht dessen, dass mein Tag noch nicht zu Ende war. Ich musste ja noch zu meinem Jazztanzkurs. In meinem Kopf formulierte ich bereits Ausreden, weshalb ich unter keinen Umständen tanzen gehen könnte. Ich argumentierte mit mir selber, dass ich ja in diesem Quartal noch nie gefehlt hätte, dass ich doch auch mal einfach keine Lust mehr haben dürfe. Der Wunsch, an diesem Tag endlich machen zu dürfen, was ich wollte, ohne auf andere Rücksicht nehmen zu müssen, wurde übermächtig.

Meine innere Lustlosigkeit schien sich wohl auf meine Körpersprache übertragen zu haben. Stefan fragte mich plötzlich, was denn los sei, ob ich krank würde. „Schön wär's", dachte ich bei mir. „Wenn ich krank wäre, dann müsste ich nicht gehen!" Ich wusste genau, was mein Mann antworten würde, wenn ich ihm mitteilte, dass ich nicht zum Tanzen ginge: „Andrea, wir haben die Tanzstunden bezahlt. Nicht hingehen, das wäre das Geld zum Fenster rausschmeißen!"

Da ich aber schwieg, meinte Stefan so ganz nebenbei: „Man kann nicht gut der Tochter eine Lektion beibringen und dann selber einfach nicht gehen, wenn man keinen Bock hat, stimmt's?" Mir lag schon eine bissige Erwiderung auf der Zunge, als mich die Erkenntnis traf, dass er recht hatte! Eine halbe Stunde später packte ich meine Tanzschuhe und machte mich mit der Absicht, das Beste daraus zu machen, auf den Weg.

Mir wurde einmal mehr bewusst, dass ich als Vorbild meiner Kinder Verantwortung trage. Nicht, was ich sage, sondern was ich tue und vor allem wie ich es tue, hinterlässt einen bleibenden Eindruck bei ihnen. Mir kommt ein Lied von Patent Ochsner, einer Schweizer Mundart-Band, in den Sinn. Sie singen: *„Sie plappere u plöffe, predige Wasser u suufe Wy."* (Sie plappern und prahlen, predigen Wasser und sau-

Nicht, was ich sage, sondern was ich tue und vor allem wie ich es tue, hinterlässt einen bleibenden Eindruck bei meinen Kindern.

fen Wein.) Was ich meinen Kindern vermitteln will, muss ich selber bereit sein zu leben, sonst ist es tatsächlich nur Schall und Rauch.

Wenn ich meiner Tochter beibringen will, dass sie nicht immer machen kann, was sie will, dann muss diese Lehre auch für mich gelten. William Shakespeare schrieb: *„Der ist ein guter Prediger, der seine eigenen Ermahnungen befolgt: Ich kann leichter zwanzig lehren, was gut zu tun ist, als einer von den zwanzig sein."* Als Vorbild muss ich bereit sein, mich auch an die Grundsätze, die ich vermittle, zu halten. Dies ist eine große Herausforderung für mich, bedeutet es doch, dass ich die gesetzten Grenzen akzeptieren und mit diesen leben muss. Ich kann schlecht meinen Kindern Grenzen setzen und ihnen erklären, dass Leben auch Verzicht und Durchhaltevermögen bedeutet, und mir im selben Atemzug Freiheiten herausnehmen, die im Widerspruch zu meinem Gesagten stehen.

Obwohl es Momente gibt, in denen ich mich durch meine Vorbildfunktion eingeengt fühle, scheint mir doch der Gewinn viel größer zu sein. Wenn es mir als Mutter nämlich gelingt, authentisch in meinem Reden und Handeln zu sein, dann gibt das meinen Kindern und mir Identität und Sicherheit. Sie machen ermutigende Erfahrungen, und wir alle als Familie leben in der Haltung, dass wir das Beste aus jeder Situation machen wollen. Und das ist für mich das Geheimnis am „Vorbildsein": Manchmal gelingt es mir gut und manchmal weniger. Als Vorbild will ich den Kindern meine Stärken zeigen, darf sie aber auch meine Schwächen sehen lassen, und in meinen Schwächen entscheide ich mich immer wieder zu sagen: „Heute gebe ich mein Bestes und mein Bestes ist gut genug!"

16. Wenn aus Zumutung Mut wird

„Jedes normale Kind (...) wird mit genügend Mut geboren, um seinen Aufgaben gerecht werden zu können."
Marianne und Erik Blumenthal[5]

Es scheint eine natürliche Neigung zu sein, dass Eltern einfach alles tun würden, damit es ihren Kindern gut geht. Das Wohlergehen unserer Kinder steht ganz zuoberst auf der Prioritätenliste. Das ist wahrscheinlich auch gut so und hält uns in unseren herausforderndsten Momenten als Eltern davon ab, den Nachwuchs einfach irgendwo am Straßenrand abzustellen und davonzufahren. Unsere enge emotionale Bindung ermöglicht es uns, zu lieben, mitzuleiden, zu vergeben und die Extrameile mit ihnen zu gehen, selbst wenn sie dabei schreiend um sich schlagen.

Nur stellt sich mir immer wieder die Frage: Was *ist* denn nun „das Beste"? Ist mein Bestes „das Beste" für die Kinder, oder können sie selber sagen, was ihr Bestes ist? Sagt die Gesellschaft, was „das Beste" ist, und soll ich mich den neuesten Trends anschließen? Soll ich auf mein Bauchgefühl hören oder dann doch lieber auf meinen Verstand?

Meine Erfahrung hat mir gezeigt, dass es nicht immer weise ist, nach meinen Gefühlen zu handeln, denn die können ganz schön trügerisch sein. Ich möchte meine Kinder nicht leiden sehen und bin trotzdem der Meinung, dass es keineswegs „das Beste" für sie ist, ihnen alle Steine aus dem Weg zu räumen, damit sie auf einer mit Gold gepflasterten Straße durchs Leben gleiten können. Ich denke, sie lernen nichts fürs Leben, wenn ihr Fuß nie an einen Stein stößt und sie nicht die Fähigkeit entwickeln können, Hindernisse mit oder ohne Hilfe aus dem Weg zu räumen. Wenn ich das Ziel habe, meinen Kindern alle Wünsche zu erfüllen und ihnen alles abzunehmen, was auch nur annähernd unangenehm sein könnte, erweise ich ihnen keinen Dienst. Durch liebevoll gemeintes Verwöhnen würde ich sie schlussendlich lebensuntüchtig machen.

Schöne Worte! Gleichzeitig habe ich schon öfter die Erfahrung gemacht: Auch ich bin nicht davor gefeit, meine Kinder vor allem Übel bewahren zu wollen. Als unsere Kinder die Klasseneinteilung fürs neue Schuljahr erhielten, kam meine Tochter weinend von der Schule nach Hause.

In mir stieg mein heiliger, mütterlicher Zorn auf. Wie unfair war das!

Ihre Klasse wurde getrennt und sie würde nicht mehr mit ihren drei besten Freundinnen zur Schule gehen können. Ich war entsetzt, wie jemand meiner Tochter so etwas Gemeines antun konnte! Ich hatte mich immer über die Eltern geärgert, die ständig an den Entscheidungen der Schule herummeckerten und die irgendwelche Extrawürste forderten. Und jetzt stieg in mir selbst mein heiliger, mütterlicher Zorn auf. Wie unfair war das! Nicht nur meine Tochter weinte, auch ich musste ein paar Sympathietränen verdrücken. In mir lief ein Dialog ab, den ich hier nicht niederschreiben möchte, der aber danach verlangte, das Schwert in die Hand zu nehmen und für das Recht meiner

Tochter zu kämpfen. Recht wofür? Emotionalen Frieden? Ihren Willen? Gerechtigkeit per se?

„Es gibt ja auch noch Gutes." Mit diesem Satz riss mich meine schniefende Tochter aus meinen destruktiven Gedanken.

„Was ist das Gute?", fragte ich sie.

„Ich kann immer noch mit meinen Freundinnen in die Schule gehen und Pause machen, da wir im gleichen Schulgebäude sind. Und ich kann mich ja mit ihnen in meiner Freizeit treffen." Wow! Was für ein Statement meiner vermeintlich destabilisierten Tochter! Sie sah das Gute und damit die mögliche Versöhnung mit der Situation noch schneller als ich.

Diese Reaktion hat mich daran erinnert, dass wir uns im Leben oft schmerzhaft den Fuß stoßen und stolpern. Nicht selten müssen wir uns dann hinsetzen und über den Schmerz weinen. Wohl dem Menschen, der gelernt hat, wieder aufzustehen und voller Hoffnung und Glauben weiterzugehen. Nicht verbittert, nicht ängstlich, sondern um eine Erfahrung und ein Erlebnis reicher.

Wohl dem Menschen, der gelernt hat, wieder aufzustehen und voller Hoffnung und Glauben weiterzugehen.
Nicht verbittert,
nicht ängstlich,
sondern um eine Erfahrung und ein Erlebnis reicher.

Ich stelle fest, dass die Angst gerade in meiner Rolle als Mutter oft die Oberhand gewinnen will. Die Angst, dass meinen Kindern etwas zustoßen könnte oder dass sie in irgendeiner Weise benachteiligt sein könnten, möchte mich manchmal zu unüberlegtem Handeln drängen. Wie schon der Volksmund sagt, ist Angst jedoch ein schlechter Ratgeber, denn sie lässt mich nicht klar denken und beeinträchtigt mein Urteilsvermögen.

Wenn eines meiner Kinder mit irgendeiner Not nach Hause kommt, dann ist oft der erste Impuls, es vor dem emotionalen

Stress schützen zu wollen, indem ich ihm verspreche, dass ich ihm alles abnehme, was ihm Unbehagen bereitet. So gab es zum Beispiel eine Zeit, in der Julie von der Schule nach Hause kam und klagte, dass ein älterer Junge ihr und ihren Freundinnen immer Angst auf dem Nachhauseweg mache. Meine erste Reaktion? Ich wollte ihr am liebsten versichern, dass ich sie von nun an auf dem Schulweg begleiten würde. Und ich wollte bei der Familie des Jungen an der Tür klingeln und ihrem Jungen Schimpf und Schande sagen – na gut, ich geb's zu: Mein Mann sollte diesen Part übernehmen, denn ich bin zu feige, um fremden Leuten unverblümt meine Meinung über ihre ungezogenen Kinder mitzuteilen. Hätte ich diesen ersten Impulsen nachgegeben, hätte ich mir und meiner Tochter vielleicht kurzfristig Erleichterung verschafft, aber längerfristig potenziellen Schaden bei ihr angerichtet. Anstatt ihr mit meinem Helfen zu helfen, hätte ich sie entmutigt, denn sie hätte die Bestätigung gehabt, dass sie zu schwach und unbeholfen ist, um diese Situation selber lösen zu können. Ich hätte ihr mit meiner überschwänglichen Mutterliebe eine Grenze gesetzt, an die sie dann vielleicht in ihrem Erwachsenenalter schmerzhaft gestoßen wäre.

Also überwand ich meine Angst und begann Fragen zu stellen. Ich nahm Julie ernst in ihrer Not und machte sie weder klein, noch ignorierte ich ihr Anliegen einfach. Zusammen suchten wir nach Lösungen und wie sie sich das nächste Mal verhalten könnte. Julie erkannte, dass sie mit ihren vier Freundinnen ja in der Überzahl war. Sie wollte sich eins machen mit ihnen und dem Jungen das nächste Mal sagen, er solle sie in Ruhe lassen. Weiter besprachen wir, dass sie es auch ihrer Lehrerin oder der Schulsozialarbeiterin sagen könnten, damit es mal ein Gespräch in der Schule mit dem Jungen gebe. Ich machte ihr Mut – auch wenn ich selber innerlich zitterte –, dass sie das schaffen könne, und wenn nicht, dass wir ihr helfen würden.

Sie hat es geschafft! Zusammen mit ihren Freundinnen und der Lehrerin konnten sie dem Jungen verständlich machen, dass sein Verhalten ihnen Angst machte und er sie auf dem Schulweg in Ruhe lassen sollte.

Ich sage mit diesem Beispiel nicht, dass man die Kinder alle Probleme alleine lösen lassen soll; es gibt Herausforderungen, die zur Überforderung werden und die ein Kind nicht alleine lösen kann und sollte. Ich mache aber immer wieder die Erfahrung, dass wir unseren Kindern mehr zutrauen dürfen, als Stefan und ich als Eltern meinen. Für mich als Mutter ist es wichtig, hinzuhören und aufmerksam zu sein. Ich kann in einer solchen Situation mittragen und begleiten, ohne gleich das Ruder an mich reißen und damit allen Bedrohungen eins überziehen zu müssen. Als Julie von der Schule nach Hause kam und erzählte, dass der Junge sie nun in Ruhe ließ, wurde sie beim Erzählen einen halben Kopf größer. Sie hielt nun ein Werkzeug mehr in ihren Händen, das ihr auf dem Weg ins Leben gute Dienste leisten wird.

Voller Dankbarkeit sah ich bei unserer damals siebenjährigen Tochter bereits die Früchte unserer ermutigenden Erziehung. Die Früchte dessen, ihr bei Problemen zur Seite zu stehen, ohne sie der Erfahrung des Bewältigens zu berauben. Mir erscheint es sehr lebensbejahend zu sein, wenn ein Kind die

Erfahrung machen darf, dass es den Mut und die Fähigkeit hat, mit Alltagsproblemen zurechtzukommen.

Durch diese alltäglichen Erlebnisse lerne ich viele Lektionen für mein eigenes Leben. Eine weitere Erkenntnis hatte ich durch unseren Sohn Finn. Durch ihn lerne ich immer wieder, dass ich meine Grenzen nicht zu seinen machen darf. Er ist ein Junge mit viel Mut, auch Mut fürs Risiko. Als

> **Durch Finn lerne ich immer wieder, dass ich meine Grenzen nicht zu seinen machen darf.**

er zum Beispiel Skifahren lernte, fand er sehr schnell Freude daran und hatte in kurzer Zeit ein gutes Gefühl für die zwei Bretter unter seinen Füßen. Das sagte zumindest mein Mann, der mit den Kindern auf den Pisten unterwegs ist. Ich hatte Finn noch nie live gesehen.

Dies sollte sich aber eines schönen, sonnigen Wintertages vor zwei Jahren ändern. Ich kramte meine verstaubten Skier aus dem Keller hervor und schloss mich meiner Familie an, damit mir die Kinder ihre Skikünste zeigen konnten. Was soll ich sagen? Nach der ersten Abfahrt war ich dem Magengeschwür und dem Nervenzusammenbruch einen Schritt näher! Finn fuhr auf dieser Piste, als gäbe es kein Morgen. Er wusste zwar, wie man Kurven fährt, fand sie aber völlig überflüssig, wenn man doch in der Rennfahrerposition auf gerader Linie viel schneller vorankommt. Ich stand in den kurzen zehn Minuten bis zum Sessellift Todesängste aus. Hundertmal sah ich ihn hinfallen und sich alle Knochen brechen oder hatte Angst, dass er in jemanden hineinfuhr oder wir ihn verlieren könnten und so weiter.

Meine Grenzen beim Skifahren liegen ganz woanders als bei Finn: Ich bin die vorsichtige Langsamfahrerin, die in steilen Passagen ein Liedchen vor sich hinsummt, damit sie ihre Angst vor einem Sturz übertönen kann. Ich bin die, die sich schnell mal aufregen würde über so kleine „Pistenrowdys", die einem stinkfrech vor der Nase vorbeirasen.

Während Julie bei ihrem Erlebnis auf dem Schulweg eine Zumutung erlebt hatte, die sie schlussendlich in Mut umwandeln konnte, erlebte ich den Mut meines Sohnes als Zumutung! Wäre nicht mein Mann da gewesen, dessen Grenzen bei Geschwindigkeit auch weiter gesteckt sind als bei mir, ich hätte Finn von der Piste gepfiffen und ihn dazu verdonnert, in meinem Tempo hinter mir herzufahren, nur damit es mir und meinen Nerven danach besser ginge!

Nach diesem Tag auf der Piste musste ich mir eingestehen, dass ich manchmal versuche, meine Kinder in meine subjektiv erlebten Grenzen zu pressen, weil ich sie dort besser im Griff haben kann. Tatsache ist, dass Finns Grenzen bezüglich Tempo und Risiko ganz woanders liegen als meine. Deshalb musste ich mich entscheiden, ob ich ihn an meine Grenzen binden wollte oder ob ich bereit war, ihn ziehen zu lassen, im Vertrauen darauf, dass er sich und sein Limit kennt. Ich muss mich immer wieder bewusst entscheiden, ihn ziehen zu lassen – und das bedeutet, ihn loszulassen und ihm zu vertrauen. Die Piste wurde über die Jahre zu seinem Spielplatz; sein Tempo steigerte sich und mit ihm auch sein Können und seine Umsicht. Wer weiß, hätte ich ihn gezwungen, hinter mir herzufahren, hätte er vielleicht schon bald die Freude am Skifahren verloren?

Manchmal versuche ich, meine Kinder in meine subjektiv erlebten Grenzen zu pressen, weil ich sie dort besser im Griff haben kann.

Was ist nun also „das Beste" für meine Kinder? Ich weiß es oft selber nicht. Ich habe für mich entschieden, dass ich sie lieben möchte mit einer Liebe, die sie freisetzt und nicht an mich bindet. Ich möchte meine Kinder ermutigen und ihnen viel zutrauen, ohne sie zu überfordern. Sie ernst nehmen in ihren Gefühlen und Zeit haben für Nähe und ungeteilte Aufmerksamkeit. Und wenn ich ihnen Grenzen setze – denn das brauchen sie unbedingt –, dann muss ich mir zuerst bewusst sein, ob diese Grenzen gerechtfertigt sind oder ob ich sie aus meiner Angst und eigenen Begrenzung heraus setze. So hoffe ich, dass sich ihr Mut vermehren und er ihnen aus mancher Zumutung heraushelfen kann.

17. Wenn der Alltag zum Abenteuer wird

„So fern mir Gott auch manchmal scheint, für mein Gefühl manchmal zu fern – er ist da, wartet unter der Oberfläche meines Alltags."
Bianka Bleier[6]

Es gibt einfach solche Tage, an denen man jedes Detail genau plant und am Ende doch alles drunter und drüber geht. Dienstage sind für mich, sofern ich nicht arbeiten muss, durchgeplant und immer gleich. Ich als beständige Persönlichkeit schätze dies sehr und es gibt mir Sicherheit. Da mögen meine drei Unsicherheitsfaktoren im Alter von mittlerweile zehn, acht und fünf Jahren noch so für Unruhe und Abwechslung sorgen – der Dienstag ist immer gleich, da bestehe ich drauf! Aufstehen, Kinder in die Schule oder den Kindergarten schicken und nahtlos geht es auf zum Wocheneinkauf, der ohne Kinder eine Erholung, ja ein Vergnügen ist! Zuerst zum einen Supermarkt, dann zum anderen, ab nach Hause und alles in der Küche verstauen. Kurz durchatmen, kochen und dann bin ich bereit, den Kindern und ihren zahlreichen Bedürfnissen zu begegnen.

Genau so sah der Plan auch an besagtem Dienstag aus, als ich mich unter Zeitdruck auf den Weg machte, weil ich neben dem Wocheneinkauf gleich noch gedachte tausend andere Dinge erledigen wollte. Aus ökonomisch-ökologischen Gründen betreiben wir mit einer anderen Familie ein Carsharing; das ist Neudeutsch und bedeutet „Auto teilen". Jeden zweiten Dienstag erledige ich den Einkauf also nicht mit dem Auto, sondern mit dem Fahrrad und einem Anhänger. Und nun stand ich vor meinem Fahrrad und sah einen platten Reifen!

In meinem Gehirn scheint es schwarze Löcher zu geben. Dort fallen manchmal Informationen und Gedanken rein und verschwinden für immer von der Bildfläche meines Bewusstseins, als wären sie nie da gewesen, nie gedacht worden ... Genau in ein solches schwarzes Loch muss am Freitag (!) die Information „Du hast einen Platten" gefallen sein, kurz bevor ihm der Gedanke „Darum musst du dich kümmern" hinterhersprang! Nicht anders konnte ich es mir erklären, dass ich an besagtem Dienstag vor einem platten Reifen stand, obwohl ich doch drei Tage lang Zeit gehabt hatte, etwas dagegen zu unternehmen.

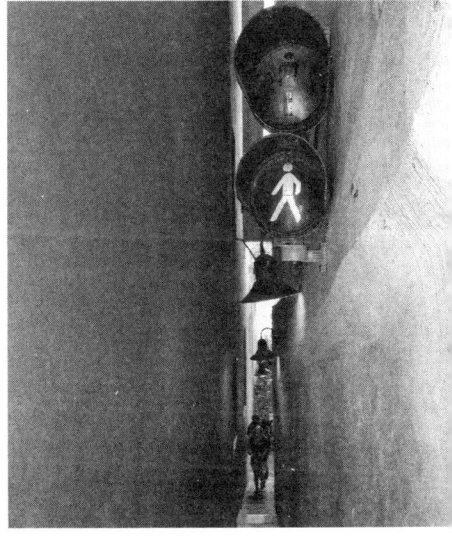

In dem Moment fühlte ich mich total ausgebremst und hilflos. Mein Mann war per Handy nicht sofort erreichbar, und die Nachbarn, die ich nach einem Alternativgefährt hätte fragen können, waren nicht da. Als ich meinen Mann endlich erreichte, schilderte ich ihm die Situation so neutral wie möglich, denn eigentlich hätte ich gerne ins Telefon gerufen, er solle sofort kommen und mir helfen. Er antwortete ganz gelassen, dass er sich schon am Abend zuvor gefragt habe, wie ich wohl den Wocheneinkauf mit einem Platten erledigen wolle. Er hatte *sich* gefragt, natürlich nicht *mich*! Nach diesem beiläufigen Kommentar konnte ich guten Gewissens die Fassung verlieren und meinem Mann die Schuld geben – also wirklich! Dann ergänzte er noch: „Du wirst sicher eine Lösung finden." Wie bitte? *Ich* sollte eine Lösung finden? Wo blieb denn jetzt mein Ritter in glänzender Rüstung, der mich, die Prinzessin, aus ihrer Verzweiflung rettete? Vor Wut schäumend, blieb mir nichts anderes übrig, als den Tatsachen ins Auge zu schauen: Kein Auto da, kein Fahrrad da – so blieben nur noch die Füße. Mit denen machte ich mich auf den Weg, immer noch aus allen Löchern dampfend und erfüllt mit gerechtem Zorn. Ich war überzeugt: Mit solchen Problemen müsste sich eine Superheldin ganz gewiss nicht herumschlagen!

Gott sei Dank gibt es nicht nur die schwarzen Löcher in meinem Gehirn, sondern auch blitzartige Erleuchtungen. Genau eine solche hatte ich, als mir ein Satz aus einem Referat von Kerstin Hack in den Sinn kam: *„Ich bin zum Gestalten berufen, nicht zur Machtlosigkeit!"* Wie treffend und hip fand ich doch damals beim Frauentag Kerstins Worte. Wie hart trafen sie mich auf dem mühsamen Weg zu meinem Wocheneinkauf.

Plötzlich musste ich mich fragen, ob ich wirklich ein Opfer der Umstände war oder ob es nicht viel mehr darum ging, selber Verantwortung für diese Situation zu übernehmen. Ich musste mich entscheiden, ob ich in meiner Opferhaltung und der daraus resultierenden Machtlosigkeit verharren oder selber kreativ und aktiv werden wollte. Ich hatte die wenig schmeichelhafte Erkenntnis, dass ich meinem Mann die Schuld gab, damit ich nicht selber für mein Versäumnis geradestehen musste.

Vor mir lag ein Morgen, den ich zu Fuß, den Anhänger vor mir her schiebend, bewältigen musste. Völlig selbst verschuldet ging diese Tatsache ganz allein auf meine Kappe. Mir dies einzugestehen kratzte an meinem Stolz und machte mir wieder bewusst, dass auch ich fehlbar und eben keine Superheldin bin. In einem Artikel habe ich einmal gelesen, dass wir Frauen uns öfter selber freundschaftlich auf die Schulter klopfen sollten. Ich sollte freundlich mit mir umgehen und nicht immer Perfektion von mir erwarten. Also entschied ich mich während des Gehens für einen Perspektivenwechsel – weg von der Machtlosigkeit, die mich bewegungsunfähig macht, hin zum schöpferischen Gestalten.

Nach dem ersten Kilometer war ich dann so weit und konnte diesen Dienstagmorgen als ideales Training für meinen Körper sehen! Ich legte fünf Kilometer zurück, verbrannte ein paar Kalorien und hatte alles auf meiner To-do-Liste erledigt. Das fühlte sich am Ende einfach gut an.

Der platte Reifen hatte mich nicht zur Hilflosigkeit und zum Ärger verdammt, er brachte mich von der Starre zum Leben – und dort will ich immer mehr hin!

Ich entschied mich während des Gehens für einen Perspektivenwechsel – weg von der Machtlosigkeit, die mich bewegungsunfähig macht, hin zum schöpferischen Gestalten.

Das nenne ich Grenzen sprengen im Alltag! Alles, was ich dazu brauche, ist eine realistische Selbsterkenntnis und die Bereitschaft, die Dinge von einer anderen Seite zu betrachten. Die Entscheidung, die Situation anders zu deuten und positive Gedanken zu denken, machte es mir sogar möglich, aus meinen schlechten Gefühlen auszusteigen und am Mittag sagen zu können: „Heute hatte ich trotz aller widrigen Umstände einen guten Morgen."

Solche Erlebnisse, so mühsam sie im Moment auch sein mögen, geben meinem Alltag eine gewisse Würze. Wie schon im zweiten Kapitel erwähnt, habe ich eine gespaltene Beziehung zum Wort „Alltag". Obwohl ich ein Gewohnheitsmensch bin, komme ich immer mal wieder an den Punkt, an dem ich den Alltag nur als Arbeit und „Muss" empfinde. In diesen Momenten wird mir der immer wiederkehrende Rhythmus meines Lebens zur Qual und ich empfinde diese Eintönigkeit als eingrenzend und erstickend. Wenn ich an diesem Punkt angekommen bin, dann werde ich unzufrieden und lasse meinen Unmut an meiner Familie aus.

Im Verlauf meiner Seelsorgeausbildung lernte ich mich immer besser kennen und konnte meinen Lebensstil nach und nach mehr verstehen. Zufrieden, so alles durchdringend zufrieden kann meine Seele nur sein, wenn sie „spielen" darf. Spielen heißt in meiner privaten Logik: Ich erlebe mit anderen ein spannendes Abenteuer. Zu diesem Abenteuer brauche ich Mitspieler, das heißt Menschen, die gerne mitmachen und mit mir unterwegs sind. Aber auch Umstände können für mich Mitspieler – oder Spielverderber – sein. Ich begann zu verstehen, dass für mich der Alltag in meinen Augen nicht immer mitmacht und nach meinen Regeln spielt, und dann kann er mir das Leben ganz schön schwer machen und mir die Freude nehmen. Aber auch hier gilt: Ich bin dieser Tatsache nicht einfach ausgeliefert, denn Gott gab mir die schöpferische Kraft und Kreativität, meine Einstellung, ja meine Gesinnung zu ändern. Und so lerne ich, das „Spielen" immer wieder in meinen „Alltag" zu integrieren und zu akzeptieren, dass der Alltag zu meinem Leben dazugehört und ich ihn aktiv gestalten kann. Während ich früher unzufrieden und gestresst wurde, sobald der Alltag mit seinen Anforderungen, Herausforderungen oder seiner Eintönigkeit überhandnahm, erkenne ich die Warnsignale heute schneller und verschaffe mir dann selber einen „Spielmoment".

Ein solches „Spielen im Alltag" erlebte ich zum Beispiel auch an einem ganz gewöhnlichen Tag, als ich mit meinen Kindern für eine Woche alleine zu Hause war. Diese Tage sind immer heikel, da ich ständig mit den Kindern zusammen bin und keine Entlastung zwischendurch habe. Und genau in dieser Situation schlägt der Alltagsfrust gerne zu und lässt mich zur gestressten, unzufriedenen Mutter werden.

Ich bin meinem Alltag nicht einfach ausgeliefert, denn Gott gab mir die schöpferische Kraft und Kreativität, meine Einstellung, ja meine Gesinnung zu ändern.

Es war ein nasskalter Tag und die Kinder waren voller Energie. Bevor meine vom Lärm malträtierten Nerven reißen konnten, schickte ich sie auf den Dachboden. Der Raum ist groß und im Winter wird er jeweils mit Matratzen und einem Boxsack zu einer Turnhalle umgestaltet – eben genau für solche Momente der grenzenlosen Energie und der beschränkten Möglichkeiten, weil das Wetter nicht mitspielt. Während meine drei Energiebündel in der Wohnung von einem Streit in den anderen geraten waren und mich mit ihrem Lärm halb wahnsinnig gemacht hatten, ging es oben plötzlich ganz friedlich und kooperativ zu.

Die Zeit schritt voran und ich wusste, dass ich sie schon bald zum Aufräumen runterpfeifen musste. Es war allerdings vorherzusehen, wie das enden würde. Erstens würden sie nicht runterkommen wollen, weil sie gerade so viel Spaß beim Spielen hätten! Zweitens würden sie nicht aufräumen wollen, weil sie doch so müde wären und zudem Hunger hätten. Und drittens würde ich spätestens nach dem Abendessen vor lauter Frust explodieren und alle so schnell wie möglich ins Bett stecken, damit ich endlich meine Ruhe hätte. Ich erinnere mich noch gut, wie ich in der Küche stand und mich das beklemmende Gefühl ergriff, dass ich in meinen starren Alltagsabläufen gefangen und gleichzeitig zu müde war, um die damit verbundenen Kämpfe auszufechten.

„Wir sind zum Gestalten berufen, nicht zur Machtlosigkeit!" Würde dieser Abend wirklich so enden oder hatte ich nicht vielmehr die Möglichkeit, den Verlauf zum Positiven zu beeinflussen? Ich fragte mich, wie ich in diesem Moment ganz praktisch die Grenzen meines Alltagseinerleis sprengen und uns allen damit einen Abend mit Streit ersparen könnte. „Du musst ein Abenteuer erleben", war der Gedanke, der mir als Erstes kam. Aber wie bloß? Und plötzlich war es ganz einfach! Ich würde die Kinder nicht aus ihrem Spiel reißen, sondern raufgehen und den Tagesrhythmus in ihr Spiel integrieren. Praktisch hieß das, dass ich Sandwiches machte und auch sonst alles, was zu einem Picknick gehört, vorbereitete. Ich packte alles in einen Korb, ging rauf zu den Kindern und verkündete, dass wir heute auf dem Dachboden essen würden. Ich werde die strahlenden Augen meiner Kinder wohl nie vergessen, als wir uns auf eine Decke setzten und sie schon fast andächtig in ihre Brote bissen. Der Abend verlief danach friedlich und in gewohnten Bahnen. Was für ein Geschenk!

Wenn der Alltag zu meinem Leben dazugehört, dann heißt das für mich auch, dass mir Gott darin begegnen muss. Seit ich Mutter bin, benötige ich mehr denn je einen in meinem Alltag erlebbaren Gott – einen, der mir nicht nur in den seltenen Highlights meines Lebens begegnet, sondern der ganz praktisch auf einem ungeplanten Fußmarsch von Supermarkt zu Supermarkt zu mir spricht und in mein Leben hineinredet. Ein Gebet von Teresa von Ávila, einer spanischen Nonne aus dem 16. Jahrhundert, hat schon des Öfteren genau ausgedrückt, was ich erlebe, und beginnt mit den Worten: *„Herr der Töpfe und Pfannen, ich habe keine Zeit, eine Heilige zu sein und Dir zum Wohlgefallen in der Nacht zu wachen, auch kann ich nicht meditieren in der Morgendämmerung und im stürmischen Horizont."* Weiter betet sie: *„Wenn mein Herz noch am Morgen bei der Arbeit gesungen hat, ist es am Abend schon längst vor mir zu Bett gegangen. Schenke mir, Herr, Dein unermüdliches Herz, dass es in mir arbeite statt des meinen."*

Ja, mein Gott begegnet mir zwischen Töpfen und Pfannen, auf dem Spielplatz, während eines Gesprächs mit meinen Kindern, im Garten beim Jäten – im Alltag eben! Er kennt mein müdes Herz und gibt mir immer wieder erfrischende Gedanken und Geistesblitze. Gott gibt scheinbar „wahnsinnigen" Tagen einen Sinn und füllt sie mit Leben. Er schenkt mir immer wieder eine neue Perspektive und ermutigt mich zu schöpferischem Gestalten – weg von der Machtlosigkeit.

Ein ganz schönes Abenteuer, dieser Alltag!

*Herr der Töpfe und Pfannen,
ich habe keine Zeit,
eine Heilige zu sein
und Dir zum Wohlgefallen
in der Nacht zu wachen,
auch kann ich nicht meditieren
in der Morgendämmerung
und im stürmischen Horizont.*

Mache mich zu einer Heiligen,
indem ich Mahlzeiten zubereite
und Teller wasche.
Nimm an meine rauen Hände,
weil sie für Dich
rau geworden sind.

Kannst Du meinen Spüllappen
als einen Geigenbogen gelten lassen,
der himmlische Harmonie
hervorbringt auf einer Pfanne?
Sie ist so schwer zu reinigen
und ach, so abscheulich!

Hörst Du, lieber Herr,
die Musik, die ich meine?
Die Stunde des Gebetes ist vorbei,
bis ich mein Geschirr
vom Abendessen gespült habe,
und dann bin ich sehr müde.

Wenn mein Herz noch am Morgen
bei der Arbeit gesungen hat,
ist es am Abend schon längst
vor mir zu Bett gegangen.
Schenke mir, Herr,
Dein unermüdliches Herz,
dass es in mir arbeite statt des meinen.

Mein Morgengebet
habe ich in die Nacht gesprochen
zur Ehre Deines Namens.
Ich habe es im Voraus gebetet
für die Arbeit des morgigen Tages,
die genau dieselbe sein wird
wie heute.

Herr der Töpfe und Pfannen,
bitte darf ich Dir
anstatt gewonnener Seelen
die Ermüdung anbieten,
die mich ankommt
beim Anblick von Kaffeesatz
und angebrannten Gemüsetöpfen?

Erinnere mich an alles,
was ich leicht vergesse;
nicht nur um Treppen zu sparen,
sondern dass mein
vollendet gedeckter Tisch
ein Gebet werde.

Obgleich ich Martha-Hände habe,
hab ich doch ein Maria-Gemüt,
und wenn ich die schwarzen Schuhe putze,
versuche ich, Herr,
Deine Sandalen zu finden.
Ich denke daran,
wie sie auf Erden gewandelt sind,
wenn ich den Boden schrubbe.

Herr, nimm meine Betrachtung an,
weil ich keine Zeit habe für mehr.
Herr, mache Dein Aschenbrödel
zu einer himmlischen Prinzessin;
erwärme die ganze Küche
mit Deiner Liebe
und erleuchte sie mit Deinem Frieden.

Vergib mir, dass ich mich absorge,
und hilf mir, dass mein Murren aufhört.
Herr, der Du das Frühstück am See
bereitest hast, vergib der Welt,
die da sagt: „Was kann denn
aus Nazareth Gutes kommen?"

Teresa von Ávila

18. Im Karussell meiner Gefühle

„Achte auf deine Gedanken, denn sie werden Worte.
Achte auf deine Worte, denn sie werden Handlungen.
Achte auf deine Handlungen, denn sie werden
Gewohnheiten. Achte auf deine Gewohnheiten,
denn sie werden dein Charakter. Achte auf deinen
Charakter, denn er wird dein Schicksal."
aus dem Talmud

Als Kind hatte ich immer wieder denselben Albtraum: Ich saß auf einem Karussell und fuhr fröhlich im Kreis herum. Meine Eltern standen in der Menschenmenge drum herum und winkten mir jedes Mal lachend zu, wenn ich wieder an ihnen vorbeifuhr. Plötzlich wurde die Drehscheibe aber schneller und schneller und ich musste mich an meinem Pferd festhalten, um nicht von der Gravitationskraft weggeschleudert zu werden. Ich wollte unbedingt runter, aber das Karussell hielt einfach nicht an. Stattdessen wurde es immer noch schneller. Da es mir übel wurde und mir die Luft abschnürte, nahm ich das Umfeld nur noch verschwommen war. Alles Rufen und Schreien nützte nichts! Das verrückte Drehen auf dem Karussell nahm kein

Ende, bis meine gequälte Kinderseele es nicht mehr aushielt und ich schweißgebadet aus dem Albtraum hochschreckte.

Ich habe den Traum nie analysiert, weiß nur, dass ich ihn oft geträumt habe und ihn bis heute bildhaft vor mir sehe, wenn ich daran denke.

Seit unsere Kinder groß genug sind, selber Karussell zu fahren, haben mein Mann und ich aufgeatmet. War es doch lange so, dass einer von uns mit aufs Karussell musste, obwohl es uns beiden auf diesen drehenden Dingern speiübel wird. Wir lösten

das Problem jeweils ganz pragmatisch mit „Schere, Stein, Papier" und der Verlierer musste, Übelkeit hin oder her, mit an Bord hüpfen.

Das Karussell wurde für mich zu einer Metapher fürs Leben. Immer wieder stelle ich fest, wie ich versuche, mich zu finden: meinen Wert, meine Bestimmung, meine Aufgabe oder meine Bedeutung in dieser Welt und für Gott. Manchmal bin ich ganz bei mir, zufrieden mit meinem Platz und meiner Aufgabe. Mein Leben dreht sich in den gewohnten Bahnen, ruhig, voller Zweck und Sinn. In diesen Zeiten fühle ich mich gleichwertig, nicht bedroht von andersdenkenden oder schöneren, schlankeren, zielstrebigeren Menschen. Na gut, ich geb's zu: Ich meine vor allem Frauen ...

Es braucht allerdings nicht viel und ich falle vom Gleichwert in den Minderwert. Plötzlich glänzt alles um mich herum, nur mein Leben ist glanzlos, sinnlos, mutlos. Was genau mache ich eigentlich den ganzen Tag? Hat es einen Sinn – oder ist es nicht zwecklos? Sieht mich jemand? Irgendjemand? Das „Ich-Karussell" beginnt, sich stetig mit mir im Kreis zu drehen – immer am selben Ort vorbei, an denselben negativen Gefühlen und abwertenden Gedanken. Selbstmitleid, Zweifel, Fragen, Kritik, Selbstmitleid ... (Oh! Da war ich ja schon mal!) Meine Gedanken scheinen sich immer schneller zu drehen und ich muss mich an ihnen festklammern, damit ich den Halt nicht verliere. So mit mir selber be-

Das „Ich-Karussell" beginnt, sich stetig mit mir im Kreis zu drehen – immer am selben Ort vorbei, an denselben negativen Gefühlen und abwertenden Gedanken.

schäftigt und in mir gefangen, finde ich wie in meinem Albtraum den Ausstieg oft nicht sofort. Mein Umfeld verschwimmt immer mehr oder ich blende es fast komplett aus. Meine Welt wird klein und selbstzentriert, ich sehe keine Lösung und die negativen Gefühle schnüren mir den Atem ab.

Was lässt denn dieses Karussell meiner negativen Gefühle starten? Wie komme ich in diese Abwärtsspirale? Es beginnt meistens an einem Punkt in meinem Leben, an dem ich beginne, mich mit anderen zu vergleichen. Fast so, als säße ich zufrieden auf meinem hübschen Karussellpferd und plötzlich fiele mir das Pferd meiner Mitfahrerin auf. Je länger ich es betrachte, desto besser gefällt es mir und ich denke langsam, dass ich lieber ihr Pferd anstatt meines hätte. Das Vergleichen beginnt und ich sehe von meinem eigenen Tier bald nur noch das Negative; vielleicht die abgeschossene Farbe oder die Delle am Ohr.

So kann es sein, dass ich unsere Wohnsituation mit Unzufriedenheit betrachte. Wir wohnen eigentlich perfekt, aber unsere Wohnung hat einen negativen Aspekt: Sie befindet sich in einem alten Haus und ist sehr hellhörig. Wenn ich mich davon gestresst fühle, dass meine Kinder nicht herumtoben können, wie sie wollen, beginnt mein innerer Blick sehr schnell in die Ferne zu schweifen. Mir kommen dann nur Familien in den

Sinn, die dieses Problem nicht kennen, weil sie in einem Einfamilienhaus wohnen und auf niemanden Rücksicht nehmen müssen. Mir schießen dann Gedanken durch den Kopf wie: „Würden wir doch bloß auch in einem solchen Haus wohnen, dann könnte ich eine viel gelassenere Mutter sein! Unsere Wohnung ist daran schuld, dass ich oft ungeduldig bin! Ich hätte doch eigentlich auch ein Recht auf mehr Freiheit und Entspanntheit!" Und so klammere ich mich an dieser vermeintlich ungerechten Situation fest, bis ich kein gutes Haar mehr an unserer Wohnung lassen kann. Ich bekomme den Tunnelblick, blende alle neunundneunzig Vorzüge aus und fokussiere mich nur noch auf den einen negativen Aspekt. Ich vergesse, dass wir so viel Platz rund ums Haus haben wie sonst niemand oder dass uns der Hausbesitzer mehr oder weniger machen lässt, was wir wollen. Ich sehe nicht mehr, dass wir einen Dachboden haben und dort immer Besuch empfangen können. Auch das gute Nachbarschaftsklima wird null und nichtig.

In dieser „Karussellsituation" wird wahr, was mir schon mein Fahrlehrer immer eingetrichtert hat: „Worauf du deinen Blick richtest, was du fixierst, dorthin fährst du!" Er lehrte mich, dass ich unbewusst dorthin steuere, wo ich hinschaue. Deshalb soll ich nie direkt auf ein Hindernis oder einen Engpass starren. Ich soll den Blick geradeaus und in die Weite richten, dadurch verhindere ich einen Zusammenstoß.

Ob ich nun im Auto oder im Karussell des Lebens sitze – was ich anschaue, wird größer und größer, bis es mein ganzes Sichtfeld einnimmt und keinen Raum mehr lässt für einen anderen Blickwinkel. Es wird mir im wahrsten Sinne des Wortes eng in der Brust und die Weite geht verloren.

Bei meiner Arbeit als Pflegefachfrau erlebe ich nicht selten, dass alte Menschen sehr „in sich gehüllt" sind. Dadurch, dass sich ihr Bewegungs- und Wirkungsradius mit dem Älterwerden immer mehr verringert, verlieren einige von ihnen den Blick für die Außenwelt. Ihr Leben spielt sich nur noch in ihren eigenen vier Wänden ab. Dort bestehen sie darauf, dass alles jeden Tag genau gleich abläuft. Sie sind beschäftigt mit ihren Gebrechen oder ihren Erinnerungen an frühere Zeiten. Es ist ihnen nicht mehr möglich, über ihren eigenen Tellerrand zu blicken. In Anbetracht dessen, dass viele dieser Menschen einsam sind und ein sehr eingeschränktes soziales Netz haben, kann ich es ihnen nicht einmal übel nehmen, wenn sie wütend werden, weil ich fünf Minuten zu spät an ihrer Tür klingle. Sie bestehen darauf, dass sie als Erste besucht werden, und zwar genau so, wie sie sich das vorstellen. Dadurch wirken sie starr und unflexibel in ihren Erwartungen. Man könnte meinen, dass Albert Einstein sie meinte, als er sagte: *„Der Horizont vieler Menschen ist ein Kreis mit Radius null – und das nennen sie dann ihren Standpunkt."*

Ob ich nun im Auto oder im Karussell des Lebens sitze – was ich anschaue, wird größer und größer, bis es mein ganzes Sichtfeld einnimmt und keinen Raum mehr lässt für einen anderen Blickwinkel.

Wenn ich auf dem „Ich-Karussell" um mich selber kreise, trifft dieses Zitat aber auch auf mich zu! Der Horizont wird bei mir so eng, dass plötzlich nur noch ich zähle. So kommt es vor, dass ich so lange über unsere Wohnung nachdenke und gedanklich auf ihr herumhacke, bis ich zu der festen Überzeugung komme, dass wir ausziehen müssen. Weil ich es nicht aushalte, formt sich in mir der Anspruch, dass sich meine Familie nach mir zu richten hat und wir etwas anderes zum Wohnen suchen müssen. Mein Glück und mein Frieden scheinen dann nur noch erreichbar, wenn ich der angespannten Lärmsituation entfliehen kann. Da ich weiß, dass mein Mann sich nicht auf meine Umzugsgedanken einlassen würde, habe ich nie laut gefordert, dass ich ausziehen will. Dafür vergiftete meine innere Forderung meine Gedanken und wurde zum riesigen Stein des Anstoßes in meiner Seele. Da waren Gefühle der Eifersucht auf Bekannte im Einfamilienhaus-Glück und die Anklage an Gott, weshalb er mir nicht auch ein solches Glück gönnt. Ich sehnte mich nach einem entspannten Leben in meinem Zuhause.

Tief in mir drin wusste ich, dass Umziehen nur eine Flucht wäre und dass ich mich versöhnen muss mit meiner Situation, so wie sie jetzt ist. Aber ich habe mich lange dagegen gewehrt.

Wie gelingt es mir in solchen Situationen, den Stopp-Schalter für das Karussell zu finden? Wie kann ich aus dem negativen Gedanken- und Gefühlskreis aussteigen? Ich finde die Lösung immer wieder im Wegschauen von mir und Hinschauen zum anderen. Und damit meine ich nicht, dass ich zum anderen hinschaue, um zu sehen, was ich alles *nicht* kann oder habe und was der andere doch alles besser kann und wo er überall mehr hat. Ich meine nicht das Vergleichen aus einem Defizitgefühl heraus, sondern ich schaue hin, wo das Leiden und der Mangel anderer ist, damit ich für meine Situation wieder die richtige Perspektive bekomme und sie in der richtigen Proportion sehe. Mir hilft es, mich von meiner Sichtweise mit Radius null wegzubewegen und die Scheuklappen abzunehmen.

Wie kann ich aus dem negativen Gedanken- und Gefühlskreis aussteigen? Indem ich von mir wegschaue und zum anderen hinschaue.

Wohnsituationen aus meiner Zeit in Indien und Thailand gehen mir dann durch den Kopf. Die fünfköpfige Familie in einem Zimmer, die Familie mit Baby im thai-burmesischen Dschungel, die in der Regenzeit keinen trockenen Fleck in ihrer Hütte hatte, weil sie kein Geld für ein neues Dach aufbringen konnte. Aber ich muss eigentlich nicht einmal so weit in die Ferne schweifen. Auch bei uns in der Schweiz gibt es mehr Familien, die in kleinen Wohnungen in einem Hochhaus wohnen als die mit eigenem Haus.

Ist es mir einmal gelungen, meinen Blick in die Weite zu richten, dann kann ich auch hinschauen und mich fragen: „Was kann ich tun? Was ist in meiner momentanen Situation mein Beitrag?" Ein neues Ja zu unserer Wohnung finden war mein Beitrag in dieser Situation. Mich damit versöhnen, dass nie alles perfekt und ideal sein kann und dass es gut ist, so wie es ist. In meiner Ausbildung zur Beraterin und Seelsorgerin begegnete ich einem Zitat von Alfred Adler, dem Begründer der Individualpsychologie: *„Nicht die Tatsachen bestimmen unser Leben, sondern wie wir sie deuten."* Tatsache ist, dass unser Boden knarrt und man jeden Schritt nicht nur hört, sondern auch fühlt. Tatsache ist auch, dass die Wände hellhörig sind. Nicht diese Fakten haben mich in meinem „Ich-Karussell" endlose beängstigende Runden drehen lassen, sondern meine Deutung dieser Fakten. Das heißt für mich: Wenn ich sie negativ deuten kann, dann kann mir das auch in umgekehrter Richtung gelingen – zum Positiven hin.

Eine Superheldin müsste einen solch schmerzhaften Prozess nicht durchmachen, denn in ihrer Welt wäre alles perfekt! Sie könnte sich die Welt so schaffen, wie sie es möchte, und jedes störende Hindernis aus dem Weg räumen. Auch wenn bei mir nicht alles perfekt ist, so habe ich doch auch in meiner menschlichen „Andrea-Welt" eine schöpferische Möglichkeit: den Perspektivenwechsel. Der gelingt mir, indem ich von mir wegschaue und hinschaue zum anderen – und dann kommt noch das Aufschauen zu Gott dazu. Seine Nähe, die mir Geborgenheit und Gelassenheit schenken kann, hilft mir, den endgültigen Ausstieg aus dem Gedankenkarussell zu finden.

Ich habe mir in Erinnerung gerufen, dass wir vor fünf Jahren für diese Wohnung gebetet haben. Dass wir jetzt hier wohnen, war für uns damals ein Wunder und ich habe kein Recht, in meinen Gedanken daraus einen Fluch zu machen. Platz, Finanzen, Garten – all das war Gottes perfektes Timing und er traute mir scheinbar schon damals zu, mit der Hellhörigkeit zurechtzukommen. Als ich diese Perspektive Gottes in meine eingeschränkte Sichtweise integrierte, kamen plötzlich Weite und Hoffnung hinein. Ich fühlte immer mehr, dass ich mich nicht innerlich eingrenzen lassen muss, weil meinem irdischen Leben gewisse Grenzen gesetzt sind. Ja, unsere Kinder können nicht so laut sein wie andere Kinder, gewisse Anlässe eignen sich einfach nicht, um bei uns durchgeführt zu werden, aber das bedeutet nicht, dass mein Leben kleiner und enger werden muss. Gott stellte meine Füße auf weiten Raum und er gab mir die Fähigkeit, mein Leben trotz gewisser Einschränkungen entfalten zu können.

Durch das Aufschauen zu Gott wird meine Sicht klarer und ich kann mich und meine Situation wieder so sehen, wie Gott sie sieht – ich kann meine Möglichkeiten gestalten und meine Grenzen akzeptieren. Durch seine Nähe erlebe ich Heil und Heilung!

19. Jesus, meine Wirklichkeit

„Christus hat jetzt keinen anderen Leib als euren,
keine Hände außer eure. Eure Augen sind es,
durch die Christi Erbarmen auf die Welt schaut.
Mit euren Füßen geht er umher und tut Gutes.
Mit euren Händen will er uns jetzt segnen."
Teresa von Ávila

Wenn sich bei uns Besuch anmeldet, dann bin ich darum bemüht, dass genügend Speisen auf dem Tisch stehen. Nicht auszudenken, wenn die Pfannen leer wären und mein Gast noch einen Nachschlag wünschen würde! Von der latenten Befürchtung getrieben, dass genau dies eines Tages eintreffen könnte, koche ich chronisch zu viel. Ich glaube, das ist eine Denkweise, die ich in meiner Herkunftsfamilie erlernt habe. Schon meine Großmutter kochte immer im Überfluss, wenn die ganze Familie bei ihr zu Besuch war. Die Schüsseln und Platten leerten sich nie, auch wenn alle schon satt waren. Es gab stets mehr als genug, etwas anderes wäre ihr nicht in den Sinn gekommen.

Wenn ich eingeladen werde, komme ich nicht gerne mit leeren Händen an, sondern mit einem kleinen Geschenk – vorzugsweise selber zubereitete Konfitüre oder etwas Vergleichbares. Auch da teile ich lieber mit vollen Händen aus.

Im Ausland saß ich schon an so manchem Tisch oder auf so manchem Boden und wurde aus tiefstem Herzen bewirtet. Ich erinnere mich an eine Begebenheit in Indien, bei der meine Freundin Margret und ich bei einer Familie zu Besuch waren. Zu diesem Anlass erschien auch die entfernteste Tante, denn wir waren die ersten Weißen, die jemals in ihrem Zuhause willkommen geheißen wurden. Wie es so üblich ist, wurden wir als Ehrengäste am Tisch platziert und bekamen das Menü serviert. Der Rest der Familie, ungefähr zwanzig Leute, saß auf dem Sofa und auf dem Boden, um uns beim Essen zuzuschauen. Ja, genau, wir waren die Einzigen, die aßen! Wir wurden unter den Augen der ganzen Familie „gestopft" wie Weihnachtsgänse. Jede unserer kleinsten Gesichtsregung wurde von der Gastgeberfamilie beobachtet und kommentiert. Während uns das Essen schon „Oberkante Unterlippe" stand, lächelten wir tapfer und aßen uns weiter durch alle exotischen Gänge.

Wir realisierten schnell, dass ein leer gegessener Teller keinesfalls ein Gebot des Anstands ist, sondern ein Zeichen dafür, dass man noch hungrig ist. Ich erinnere mich gut an Margrets Blick, als wir zum Nachtisch ein Getränk namens „Falooda" vorgesetzt bekamen. Es besteht unter anderem aus Milch, süßem Sirup, Gewürzen und Nudeln. Den Magen voll, den Gaumen nicht an süße Nudeln gewöhnt und das Auge an nasskalte Regenwürmer erinnert, brauchte es all unsere Willenskraft, den Drink zu schlucken.

„Andrea!", zischte mir Margret mit einem aufgesetzten Lächeln zu: „Das bringe ich unter keinen Umständen runter!"

Ich flüsterte ebenfalls lächelnd zurück: „Runter damit! Die schauen uns alle zu!"

Nach einem halben Glas mussten wir jedoch beide aufgeben und bedankten uns überschwänglich für das ausgezeichnete Essen.

Als wir die Gastgeberin fragten, wann sie denn essen würden, kam prompt die Antwort, dass sie später die Reste in der Küche essen würden. Wie beschämend war das für uns und entsprach so gar nicht unserer Kultur! Wir wussten, dass sie uns ein Festessen aufgetischt hatten. Trotz ihrer begrenzten Mittel bewirteten sie uns mit vollen Händen, ohne sich darüber Sorgen zu machen, ob die Familie später auch noch satt würde. Genauso wenig sorgten sie sich um die mögliche Einbuße von ihrem Haushaltsbudget.

Was mir bei all den Erinnerungen an fremdländische Tische bleibt, ist die Selbstverständlichkeit, mit der die Leute ihre bescheidenen Ressourcen mit uns teilten. Da war nichts zu spüren von der Angst, dass man selber zu kurz kommen könnte, oder von der Sorge, dass es nicht genug geben könnte. Geben und Teilen schien eine Selbstverständlichkeit zu sein.

Trotz ihrer begrenzten Mittel bewirtete die indische Familie uns mit vollen Händen, ohne sich darüber Sorgen zu machen, ob sie selbst später auch noch satt würden.

Ich weiß nicht, wie es sich anfühlt, die letzte Packung Reis mit jemandem zu teilen, ohne zu wissen, wann man das nächste Mal genug Geld haben wird, um wieder eine zu kaufen. Ich kann täglich aus dem Vollen schöpfen, und wenn ich Gäste bewirte, muss meine Familie deswegen am nächsten Tag nicht Hunger leiden.

„Aus dem Vollen schöpfen" hat in unserer heutigen Gesellschaft aber auch noch eine andere Bedeutung. Es ist nicht üblich, mit nur halb vollen oder gar mit leeren Händen dazustehen. Das Ziel ist, möglichst viel zu haben; viel Materielles, aber auch viele Kompetenzen und viel Wissen. Mein Nachbar soll doch das Gefühl haben, dass ich aus dem vollen Leben schöpfe! Wer mit leeren Händen dasteht, der ist selber schuld. Von nichts kommt nichts! Diese Einstellung macht uns manchmal hart gegenüber Menschen, die weniger besitzen als wir. Das Teilen mit ihnen fällt uns schwer. Habe ich mir meine vollen Hände nicht selber verdient? Warum soll ich jemandem etwas geben, worum er sich selber nicht bemüht hat?

In der Bibel wird berichtet, dass die Jünger bei der Speisung der Fünftausend mit ziemlich leeren Händen dastanden (vgl. Markus 6,30–44). Man stelle sich vor: Da war Jesus mit seinen Jüngern unterwegs. Eben legten sie mit ihrem Boot am anderen Ufer des Sees an. Ihr Ziel war es, Ruhe zu finden, denn sie hatten eine intensive Zeit hinter sich. Nur war Jesus zu diesem Zeitpunkt so populär, dass die Leute schon am Ufer auf ihn warteten. Aus war es mit der Ruhe! Aber Jesus pochte nicht auf sein Recht auf Privatsphäre; er sah die vielen Menschen und hatte Erbarmen mit ihnen. Er begann, zu ihnen über Gott und das Himmelreich zu sprechen.

Als es Abend wurde, machten die Jünger ihrem Lehrer den Vorschlag, er solle alle Leute wegschicken, damit jeder für sich Nahrung besorgen könne. In der Bibel steht, dass fünftausend Männer anwesend waren, zusätzlich Frauen und Kinder. Doch Jesus ging nicht auf den Vorschlag seiner Jünger ein, sondern er gab *ihnen* den Auftrag, die Menge zu speisen. Ich stelle mir ihr Entsetzen vor, als sie in Gedanken schnell die Kosten überschlugen! Dementsprechend reagierten sie. Doch Jesus ließ sich nicht beirren. Er beauftragte sie, das, was sie zur Verfügung hatten – nämlich fünf Brote und zwei Fische –, zu verteilen. Klar, sie hatten schon viele Wunder mit Jesus erlebt. Aber in ihrer Geschichte vom Unterwegssein mit Jesus lesen wir auch, dass die Jünger immer wieder Zweifel äußerten. Bestimmt wirbelten ganz menschliche Gedanken in ihren Köpfen herum: „Das ist zu wenig! Das ist völlig hirnrissig! Jetzt machen wir uns lächerlich vor der Menge. Das reicht nie! Sollten wir noch mal in aller Ruhe mit unserem Meister reden und ihn von seiner unmöglichen Idee abbringen?"

Doch obwohl die Jünger zweifelten und selber auch müde und hungrig waren, taten sie genau das, womit Jesus sie beauftragte. Mit zu wenig Fischen und Broten in den Händen gingen sie zu den Menschen und begannen zu verteilen. *Alle* wurden satt! Nach der Verteilung blieben sogar noch Körbe mit Essen übrig.

Vielleicht versteht Jesus ja mein Bedürfnis, zu viel für meine Gäste zu kochen. Bei seinem Wunder der Vermehrung der Brote und Fisch blieb auch „etwas" übrig!

In einigen Bereichen meines Lebens habe auch ich das Gefühl, zu wenig zu haben. Ich meine jetzt nicht unbedingt zu wenig für mich, sondern zu wenig, um anderen etwas weiterzugeben. Ein vernunftsgeprägter Mensch wie ich unternimmt doch erst etwas, wenn er weiß, dass seine Pläne durchführbar und realistisch sind, dass er genügend Ressourcen und Fähigkeiten hat, damit auch alles gelingt. Also schreite ich erst zur Tat, wenn die Hände voll sind mit allem Nötigen. Genauso wie beim Kochen für Gäste möchte ich in anderen Bereichen meines Lebens am liebsten im Voraus wissen, dass „es" bis zum Schluss reichen wird: die Kraft, das Wissen, die Ausdauer, die Liebe, die Geduld.

Jesus vollbrachte in den drei Jahren seines Wirkens viele ge-

> **Genauso wie beim Kochen für Gäste möchte ich in anderen Bereichen meines Lebens am liebsten im Voraus wissen, dass „es" bis zum Schluss reichen wird: die Kraft, das Wissen, die Ausdauer, die Liebe, die Geduld.**

waltige Wunder. Er hätte doch in dieser Situation einfach mit Fingerschnippen eine Riesenmenge Fische und Brote „herzaubern" können. Dann wäre für die Jünger sofort ersichtlich gewesen, dass es für alle Anwesenden genug gibt. Stattdessen involvierte Jesus seine Nachfolger, fragte sie, wie viel zur Verfügung stand, und forderte sie auf, zu verteilen. Jesus nahm seine Jünger in den Prozess des Vertrauens und Glaubens mit hinein. Ich stelle mir vor, dass sich die Hände der Jünger erst leerten, als alle von Fisch und Brot satt waren.

Am häufigsten empfinde ich dieses Gefühl vom „Zu-wenig-Haben" in meiner Tätigkeit als Beraterin und Seelsorgerin. Oft stehe ich kurz vor einem Gespräch mit leeren Händen da, müde von meinem vollgepackten Kinderalltag. Dann möchte ich genauso wie die Jünger einfach nur meine Ruhe haben und niemanden mehr sehen. Nicht selten taucht dann genau diese Frage von Jesus auf: „Was hast du in deinen Händen?" In solchen Momenten ist es an mir, mich genau zu prüfen, damit ich sagen kann, was ich in mir an Gaben, Ressourcen, Fähigkeiten habe. Ich kann Jesus sagen, wie viel Glauben ich für etwas aufbringen kann und wie viel Potenzial ich in mir spüre. Er übernimmt nicht einfach die ganze Arbeit für mich und tut mal schnell ein Wunder. Er will auch mich in einen Prozess des Glaubens und Vertrauens hineinnehmen und das Wunder mit dem Wenigen tun, das ich habe: „Gib du ihnen zu essen!"

Ich finde auch interessant, was Jesus unternahm, bevor er die Jünger losschickte:

„Da ordnete Jesus an, dass sich die Leute in Gruppen ins Gras setzen sollten. So bildeten sie Gruppen von jeweils fünfzig oder hundert Personen. Jetzt nahm Jesus die fünf Brote und die beiden Fische, sah zum Himmel auf und dankte Gott. Dann teilte

er das Brot und reichte es seinen Jüngern, damit diese es an die Menge weitergaben. Ebenso ließ er auch die Fische verteilen" (Markus 6,39–41).

Ordnen – Danken – Handeln. Zuerst ordnete Jesus die große Menschenmenge, damit es übersichtlicher und logistisch einfacher zum Verteilen wurde. Niemand sollte übersehen und vergessen werden. Danach richtete Jesus seinen Blick auf Gott und dankte ihm für das, was er in den Händen hielt. Als Nächstes forderte er die Jünger auf, vertrauensvoll zu handeln.

Hinter diesen drei Punkten verbirgt sich für mich eine göttliche Weisheit, die ich auch in den Momenten kurz vor einem Beratungsgespräch anwenden kann. Dadurch, dass ich mir Zeit nehme, meine Gedanken zu ordnen, kann ich meinen Alltag ablegen. Noch nicht Erledigtes schreibe ich auf und lege ich für den Moment beiseite, damit mein Kopf frei wird für das Gespräch. Danach halte ich einen Moment inne und schaue auf Gott. Oft bete ich den Anfang des Psalms 121: *„Ich schaue hinauf zu den Bergen – woher kann ich Hilfe erwarten? Meine Hilfe kommt vom Herrn, der Himmel und Erde gemacht hat!"* (Verse 1–2). Meine fühlbar leeren Hände mit den Augen des Schöpfers zu betrachten, scheint meine Perspektive zurechtzurücken. Ihm zu danken für das Wenige, das ich habe, und es ihm zur Verfügung zu stellen, befähigt

mich zum dritten Schritt – dem Handeln. Oftmals gehe ich trotzdem noch mit einer Restunsicherheit in ein Gespräch, immer noch mit dem scheinbar „zu Wenigen" in meinen Händen.

Was sich aber geändert hat, ist mein Vertrauen darauf, dass Jesus es vermehren wird, weil ich bereit bin, ihm mein Machbares abzugeben und mich auf das Unmögliche einzulassen.

Jesus ist die größere Wirklichkeit als meine Wahrnehmung und meine Angst. Nicht meine Umstände, sondern was Gott über sie sagt, sollen mein Leben bestimmen. Ich kann in menschlichen Dimensionen wahrnehmen, denken und fühlen. Gott kann mich aber in seine Wirklichkeit führen, wenn ich es zulasse.

Jesus verlangte von den Jüngern nicht, hinzugehen und für 200 Silberstücke Lebensmittel zu kaufen (Vers 37). Das hätte ja eigentlich eine ganz menschliche und logische Lösung sein können. Die Freunde von Jesus wären danach aber bestimmt pleite gewesen, so sie denn überhaupt so viel Geld gehabt hätten. Genauso wie es die Jünger Mut kostete, mit fünf Broten und zwei Fischen auf fünftausend Leute zuzugehen, brauche auch ich Mut, mit offensichtlich „zu wenig" ein Beratungsgespräch zu beginnen.

Jesus verlangt von mir nicht, dass ich mehr gebe, als ich zur Verfügung habe. Er will nicht, dass ich eine übermenschliche Superheldin bin, die ihre Kräfte selber vervielfachen kann; es genügt, wenn *er* es kann. Er weiß um meine Begrenzung und meine Müdigkeit. Er weiß um meine Ängste und meine Zweifel, ob es genügt, was ich zu geben habe. Dadurch, dass er mich fragt, was ich denn in meinen Händen habe, nimmt er meine menschliche Wirklichkeit ernst. Genauso wie er die fünf Brote und zwei Fische betrachtete und dafür dankte, nimmt er meine Möglichkeiten wahr. Was ich an Gaben, Fähigkeiten und Ressourcen habe,

Jesus will nicht, dass ich eine übermenschliche Superheldin bin, die ihre Kräfte selber vervielfachen kann; es genügt, wenn er es kann.

ist in Jesu Augen weder zu klein noch zu wenig. Egal, ob es für fünftausend Leute oder für eine Person in der Beratung reichen muss, er ist derjenige, der die Hände füllt und bewirkt, dass es genügt und zum Segen wird. Der mutige Schritt, etwas mit ungewissem Ausgang im Vertrauen auf Jesus hin zu tun, hat sich für die Jünger voll gelohnt und lohnt sich auch für mich immer wieder neu.

Ich habe gemerkt, dass Jesus größer als meine Begrenzungen ist und ich mit ihm so manche Grenze – und wenn sie manchmal nur im Kopf vorhanden ist – überwinden kann.

20. Die Fäden meines Lebens

„Der geringste Mensch kann komplett sein,
wenn er sich innerhalb der Grenzen seiner
Fähigkeiten und Fertigkeiten bewegt."
Johann Wolfgang von Goethe

Schon als Kind war ich gerne kreativ tätig und versuchte mich in allerhand handarbeiterischen Fähigkeiten. Als Zehnjährige wollte ich meinen Vater zu Weihnachten mit selbst gestrickten Socken überraschen. Meine Großmutter unterstützte mich bei diesem Projekt. Nach vielen Wochen mehr oder weniger motiviertem Nadelgeklapper standen die Festtage kurz bevor und ich hatte gerade mal eine Socke fertig gestrickt. Die Idee, ich könnte meinem Papa die zweite Socke ja dann im Juni zum Geburtstag schenken, stieß bei meiner Großmutter auf taube Ohren und so strickte sie mir ruckzuck das Paar fertig.

Garn, Wolle, Nadeln, Faden – Dinge, die mich bis heute faszinieren, und diese Faszination gebe ich auch gerne an meine Kinder weiter. Wie erklärt man jedoch einem Kind einen Arbeitsablauf, der für einen selber schon ganz automatisch abläuft? Als ich einwilligte, ein paar Mal in die Schule zu gehen, um meinem Sohn Finn und seinen Klassenkameraden das Stricken beizubringen, bekam ich Hochachtung vor der Lehrerin, die dieses Unterfangen alljährlich auf sich nimmt. In der ersten Stricklektion glich meine Aufgabe einer unmöglichen Mission. Ich fragte mich ernsthaft, wie die Zweitklässler das jemals lernen sollten. Da saßen sie mit schweißig-klebrigen Fingern, völlig verkrampft und murksten sich zum Teil mit brachialer Gewalt durch den Schweizer Mundartvers „Inestäche, umeschla, düreziehund abelaa" (reinstechen, umschlagen, durchziehen, runterlassen). Auch ich war nach zwei Lektionen Maschen retten und Löcher flicken völlig erledigt und mit meinen Nerven auf der Geduldsskala am unteren Ende angelangt.

Als ich ein paar Wochen später noch einmal am Klassenzimmer vorbeiging, konnten die meisten Zweitklässler stricken! Mit genügend Ausdauer, Übung und Ermutigung eigneten sie sich eine neue Fertigkeit an. Und wer weiß, vielleicht wird das eine oder andere Kind wie ich von der Strickfaszination gepackt und bis ins Erwachsenenalter weiter stricken. Die Jungs in der Klasse waren jedenfalls schwer beeindruckt, als ich ihnen erklärte, dass die schottischen Highlandkrieger ihre Socken damals immer selber strickten – Stricken ist also auch Männersache!

Freundschaftsbänder zu knüpfen war in meiner Kindheit und Teenagerzeit der absolute Hit. Verschiedenfarbige Garnfäden wurden verknotet und dann, je nach Muster, miteinander verknüpft, sodass ein flaches, gemustertes Band entstand. Das Muster variierte je nach Wahl der Fäden von einfachen Linien bis hin zu verschlungenen Symmetrien. Sogar dem manchmal nervigen und kindischen Nachbarsjungen (ja, ich spreche von meinem heutigen Mann!) knüpfte ich ein solches Band. Ihm war dieses Geschenk so wertvoll, dass er es bis heute als Buchzeichen in seiner Bibel mit sich trägt.

Schöpferisches Gestalten mit meinen Händen entspannt und inspiriert mich. Oftmals spricht Gott durch meine Kreativität zu mir, indem er mir Bilder vor meinem geistigen Auge oder Gedanken schenkt, die direkt mit meiner Gestaltungskraft in Zusammenhang stehen. So wurde mir zum Beispiel das Bild eines solchen Freundschaftsbandes zu einem Symbol für mein Leben:

Als ich Anfang 2017 kurz vor meiner Prüfung zur individualpsychologischen Beraterin und Seelsorgerin stand, zweifelte ich wieder einmal an meinen Fähigkeiten. Ich hinterfragte plötzlich meine jahrelange Ausbildung und meine Begabung, Leute zu begleiten und sie in Krisen und Lebensfragen zu unterstützen. In diesem negativen Gedankenkreislauf kam ich schon fast zu dem Schluss, dass ich mit diesem Studium Geld und Zeit zum Fenster hinausgeschmissen hatte. Ich würde nie eine kompetente und fähige Beraterin sein!

Dieses Muster der Selbstzerfleischung kam mir allerdings sehr bekannt vor, denn ich hatte schon mehrmals in jungen Jahren die verschiedenen Stadien des Zweifelns, Zauderns und Stillstehens durchgemacht. Vor der Abschlussprüfung zur Pflegefachfrau erlebte ich eine abgeschwächte Form davon. Damals war ich allerdings noch jünger und kannte seit Jahren nichts anderes, als die Schulbank zu drücken, zu lernen und mich in Form von Prüfungen beweisen zu müssen. Danach gab es eine fast fünfzehn Jahre lange „Prüfungspause". Darum versetzte mich die Tatsache, dass ich mein Können nach so langer Zeit wieder unter Beweis stellen musste, in helle Panik.

Ich wäre tatsächlich eine schlechte Beraterin, wenn ich nicht bereit wäre, mich auch selber zu reflektieren und an mir zu arbeiten. Während ich früher in einer Krise oft auf Rückzug ging, mich ablenkte und alles zu ignorieren versuchte, lernte ich in den vergangenen Jahren, den Stier bei den Hörnern zu packen. Klar, ich bleibe mir selber treu, und deshalb tänzle ich wie ein

Torero in der Arena bis heute immer zuerst ein wenig um den Stier herum, in der Hoffnung, dass der sich von selber davonmacht. Ich denke darüber nach, aufzugeben, aus der Arena zu laufen und mich in Sicherheit zu begeben. Ich versuche mich davon zu überzeugen, dass ich diesen Stier niemals bei den Hörnern packen kann, dass die Herausforderung viel zu groß für mich sei, nur um dann schlussendlich eben doch mit beiden Händen zuzupacken.

Während ich früher in einer Krise oft auf Rückzug ging, mich ablenkte und alles zu ignorieren versuchte, lernte ich in den vergangenen Jahren, den Stier bei den Hörnern zu packen.

Im Falle meiner Prüfungsangst merkte ich, dass das Problem tiefer lag. Ich zweifelte an meinen Beraterfähigkeiten, weil ich den Anspruch an mich stellte, immer alles richtig machen zu müssen und nicht zu versagen. Dieser Wunsch nach Perfektion zeigte sich auch in meinen Beratungsgesprächen, darum machten sich die Selbstzweifel vor allem vor Gesprächsbeginn bemerkbar. Gott sprach dann durch ein ermutigendes Bild zu meinem Herzen. Vor meinem inneren Auge sah ich ein noch nicht zu Ende geknüpftes Freundschaftsband. Da lagen die verschiedenfarbigen Fäden in Reih und Glied, nur einer von ihnen war im Prozess des Knüpfens. Beim Knüpfen ist es so, dass mit dem führenden Garnfaden das Muster entsteht, die anderen Fäden werden passiv gebraucht. Sie werden eingeknüpft, sind aber danach nicht sichtbar. Erst wenn sie wieder an der Reihe sind, kommt auch ihre Farbe sichtbar zur Geltung. Die passiven Fäden sind aber genauso wichtig wie der aktive, denn würde man einen Faden überspringen, hätte dies später eine Unebenheit im Muster oder sogar ein unanschauliches Loch im Band zur Folge. Sind erst einmal einige Runden geknüpft, kann man einen einzelnen Faden nicht mehr herauslösen, denn alle sind sie zusammen verknotet. Würde man einen Faden abschneiden, dann würde sich dort früher oder später eine Schwachstelle bilden und das Freundschaftsband könnte sich auflösen.

Durch dieses Bild wurde mir bewusst, dass es genauso mit meinen Gaben und Fähigkeiten ist, die mir zur Verfügung stehen: Kreativität, Zuhören, analytisches Denken, Schreiben, Backen und Kochen, Pflegen, Anteil nehmen, Menschen begleiten liegen wie verschiedenfarbige Fäden vor mir und sind alle zusammen fest mit meinem Leben verknüpft. Es gibt Gaben, die während einer Zeit aktiv sind und das sichtbare Muster meines Lebens knüpfen. Durch natürliche Umstände können sie aber plötzlich auch zum passiven Faden werden. Zum Beispiel verwandelte sich meine Passion und Freude am Schreiben mit der Geburt unseres ersten Kindes zu einem passiven Teil meines Lebens. Ich erinnere mich, dass ich voller Enthusiasmus ein Tagebuch gekauft hatte, das ich mit „Julie-Erlebnissen" füllen wollte: ihre ersten Worte, Schritte, Zähne, Lachen, Abenteuer ... Aber das Tagebuch blieb nach einigen Einträgen liegen, seine Seiten sind bis heute unbeschrieben. Als Mutter in der Kleinkindphase hatte ich weder Zeit noch die nötige Energie zum Schreiben. Manchmal kam es mir vor, als wäre das Thema „Schreiben" in die Ferne gerückt und für immer vorbei. Dem war aber nicht so! Der Faden „Schreiben" war immer da, nur nicht sichtbar, aber er lief unter all den anderen Farben und Knoten mit. Vor zwei Jahren kam er wieder zum Vorschein.

Mit dem Faden „Seelsorge und Beratung" verlief es etwas anders. Schon als Zwanzigjährige nahm ich diese Fähigkeit in mir war, was mir Gott dann durch einen ermutigenden Eindruck, den eine Freundin für mich hatte, bestätigte. Der Faden war an mein Lebensband angeknüpft, blieb aber noch einige Zeit passiv. Ab und zu schimmerte er durch, wurde kurz sichtbar und gab einen Vorgeschmack auf Kommendes, bis er dann vor einigen Jahren begann, sich zum aktiven Faden zu verwandeln. Und dann, kurz vor meiner Prüfung zur Beraterin und Seelsorgerin, wurde ich plötzlich von Selbstzweifeln gepackt. Ich überlegte mir, diesen Faden aus meinem Leben rauszuschneiden! Dabei war er schon so manches Jahr fest mit meinem Leben verknotet. Ihn abzuschneiden würde bedeuten, ein Loch in mein Lebensmuster zu reißen. Ihn ignorieren und links liegen zu lassen würde mein Muster um eine Farbe bringen und mein Leben eintöniger machen.

Aus Angst vor dem Versagen bin ich generell versucht, Fertigkeiten und Fähigkeiten, die mir Gott zur Verfügung stellt, zu ignorieren oder nicht gänzlich auszukosten. Gäbe ich dieser Angst nach, würde ich mich selber eingrenzen. Als Konsequenz daraus wäre mein geknüpftes Lebensband ein tristes, einfarbiges Gebilde und hätte kein farbenfrohes Lebensmuster. All die bunten, spannenden Fäden wären zwar vorhanden, aber nicht sichtbar, weil ich sie nur mit altbekannten, vertrauten Fäden überknüpft hätte.

Mir wurde bewusst, dass ich von mir erwartete, eine Expertin in meinen Beratungsgesprächen zu sein. Ich hatte Angst, unkompetent zu wirken, und das hätte mich in meinen Augen zur Versagerin gemacht. Dieses verkehrte Denken wollte mich davon abhalten, die Fäden der „Seelsorge und Beratung" in die Hände zu nehmen! Ich wollte keine Versagerin sein, war mir aber bewusst, dass ich dem Anspruch als Expertin nicht genügen konnte. Schlussendlich kam ich zur Erkenntnis, dass die lebbare Mitte zwischen den beiden Antagonisten „Versagerin vs. Expertin" „die Fähige sein" heißt. Ich bin die Fähige, wenn ich die mir zur Verfügung stehenden Fähigkeiten gebrauche und mir die Seelsorge- und Beratungsgespräche zutraue. Wie befreiend! Mit dieser Einstellung bin ich zwar bis heute nicht gegen alle Zweifel gefeit, doch kann ich entspannt mit meinem „Beratungsfaden" knüpfen und zusehen, wie ein abwechslungsreiches Muster entsteht.

Ich bin „komplett", wenn ich die Fäden meines Lebensmusters kenne und gebrauche! Die Voraussetzung dazu hat Goethe schön auf den Punkt gebracht: „Der geringste Mensch kann komplett sein, wenn er sich innerhalb der Grenzen seiner Fähigkeiten und Fertigkeiten bewegt." Ich denke, nicht jeder Mensch hat in seinem Leben gleich viele Fäden zur Verfügung, aber ich bin mir sicher, dass jeder Mensch am Ende ein komplettes, schönes Muster hat, wenn er bereit ist, mit eben diesen Fäden zu knüpfen.

Ich bin „komplett", wenn ich die Fäden meines Lebensmusters kenne und gebrauche!

Ich habe auch gelernt: Es bringt nichts, andere um ihre Fäden und Muster zu beneiden oder meine eigenen Fähigkeiten und Gaben als minderwertig anzuschauen. Wenn ich hingegen mein Leben mit all seinen Farben und Mustern voll und ganz bejahe, dann bin ich zwar keine alles könnende Superheldin, aber ich bin komplett – und komplett sein heißt für mich, in Frieden mit meinen Grenzen zu leben!

21. Pinterest & Co.

„Das Internet ist wie eine Welle: Entweder man lernt,
auf ihr zu schwimmen, oder man geht unter."
Bill Gates

Ich kann mich noch gut erinnern, dass es früher noch nicht ganz so einfach war, an Informationen heranzukommen. Wenn ich zum Beispiel ein Referat für die Schule vorbereiten musste, dann beinhaltete das immer zuerst einen Besuch in der Bibliothek. Dort suchte ich mir dann ein Buch zum ausgewählten Thema heraus und verschaffte mir so die gewünschten Informationen. Den Busfahrplan hatte ich in Form eines kleinen Prospekts bei mir im Rucksack, und alle meine Adressen und Telefonnummern schrieb ich getreulich in ein Adressbuch. Zitate von Schriftstellern konnte ich nicht „liken" oder abspeichern; ich musste sie von Hand in mein Tagebuch schreiben. Wenn ich etwas stricken wollte, musste ich mir ein Heft mit Anleitungen kaufen, was ich aber eigentlich nie tat, weil es mir zu teuer war – dann strickte ich halt nichts. Ja, so funktionierte das in meiner analogen, dreidimensionalen Kindheit!

Und heute? Heute ermöglicht mir das „World Wide Web" zu jedem, aber wirklich jedem Thema einen Eintrag zu finden.

Meine Kinder fragen mich etwas und ich weiß keine Antwort darauf? „Komm, wir googlen es schnell", rät dann meine zehnjährige Tochter. Gerade erst war bei uns am Tisch das Thema, welche Laute wohl eine Giraffe von sich gibt, um zu kommunizieren. Wir alle waren uns einig: Eine Giraffe macht wahrscheinlich keine Töne. Mein Sohn schlug vor: „Wir können ja auf Youtube nachschauen!"

In diesem Licht betrachtet ist das weltweite Netz wie eine riesige Enzyklopädie unbegrenzten Wissens. Ein paar Klicks, ein paar Sekunden warten (ja keine Sekunde länger, bitte!) und ich kann mir dieses Wissen in mein Wohnzimmer holen. Ich kann mir viele interessante Informationen einverleiben, ohne es in meinem Gehirn abspeichern zu müssen, denn das macht ja mein Computer.

Leider kommt durch die weltweite Vernetzung nicht nur das Gute und Sinnvolle in mein Zuhause, sondern es wird auch ganz viel „World Wide Crap" – weltweiter Mist – herumgeschleudert. Sinnloses zum Beispiel: Dinge, die die Welt nicht wissen muss, aber trotzdem bei Youtube eine Million Mal angeklickt werden, weil irgendein voyeuristischer Teil in uns eben doch wissen will, was passiert, wenn man sich den Kopf in einer Mikrowelle einbetonieren lässt. Dann gibt es das gefährliche Material, zu dem jedermann/-frau Zugriff hat: Pornografie, gewaltverherrlichende Filme bis hin zu kriminellen Machenschaften. Das weltweite Netz hat kein Gewissen, es existieren auch keine moralischen oder ethischen Leitplanken. Wenn ich nicht selber für einen Filter im Web sorge, dann gelangen alle Infos ungefiltert in mein Zuhause, mit der Gefahr, dass ich mich in dieser Grenzenlosigkeit verliere.

Ich bin aber natürlich auch begeistert über die vielen Möglichkeiten des Internets, zum Beispiel über die Vernetzung und das

Informiertsein. Ich lese gerne Blogs und besuche täglich Facebook. Eine Plattform, die ich liebe, ist „Pinterest", eine riesige Ideenbörse zu verschiedensten Themen. Dort hole ich mir kreative Inputs und Strickanleitungen zum Nulltarif. Auf Pinterest sind die Ideen so vielfältig wie die Menschen, die sie entwerfen. Wenn ich zum Beispiel nach einer guten Idee für selber gemachte Weihnachtsgeschenke suche, die meine Kinder ihrem Alter entsprechend basteln können, dann kann es ganz schnell Weihnachten werden und ich habe zehntausend Ideen bekommen, aber keine umgesetzt. Warum? Weil ich mich nicht entscheiden kann!

Über Facebook stieß ich auf einen Blog namens „Refashionista", geschrieben von einer Amerikanerin, die „hässliche" Kleider umgestaltet und sie auf diese Weise wiederverwertet. Sie stöbert in Secondhandläden, kauft uralte, aus der Mode gekommene Kleider und macht etwas Neues, Hippes daraus. Diese Idee hatte mich so fasziniert, dass ich immer wieder ihren Blog besuchte. In mir erwachte der Wunsch, auch so etwas zu kreieren, und vor meinem geistigen Auge sah ich mich schon im Handumdrehen Kleider nähen.

In meiner Fantasie gab es eine neue Unterseite für meinen eigenen Blog, auf der ich Leserinnen anleitete, wie sie auch zu „Refashionistas" werden können.

Die Idee ließ mich nicht mehr los und so besuchte ich unseren Secondhandladen vor Ort, um zu sehen, ob ich etwas fände, das sich für mein neues Projekt eignen könnte. Und tatsächlich! Ich fand ein zweiteiliges, ehemals teures Designerkleid im schönen Grünton mit kleinen Punkten drauf! In meiner Vorstellung nahm das altmodische Teil eine neue Form an: eng am Körper anliegend, ärmellos, den Rock knapp über die Knie gekürzt und beide Teile zusammengenäht, damit *ein* Kleid daraus wird. Voller Tatendrang demontierte ich die Knöpfe und trennte die Ärmel ab. Schulterpolster raus und ... ja, was nun? Plötzlich realisierte ich: Wenn es ein einteiliges, enges Kleid werden sollte, müsste ich einen Reißverschluss einnähen. Denn wie sollte ich es sonst anziehen können? Da bekam ich den ersten Schweißausbruch! Einen Reißverschluss einnähen? Klar, ich hatte das schon gemacht, aber noch nie bei einem solch delikaten Stöffchen ... Ich beschloss, eine Nacht darüber zu schlafen.

Über Nacht wurde dieses Nähprojekt plötzlich zum überproportionalen Problem und aus einer spaßigen Idee wurde ein Kampf um ... ja, um was eigentlich? Tagelang nahm ich die zwei Kleidungstücke immer wieder in die Hände, studierte sie, steckte ab, nähte eine Naht und öffnete sie gleich wieder. Dann lagen sie noch ein paar Tage wie ein Mahnmal meines Versagens auf dem Tisch herum und starrten mich anklagend an, bis ich sie schließlich in den Schrank stopfte. Da hing das Kleid nun, um zwei Ärmel und ein paar Knöpfe ärmer, ich hingegen um eine Selbsterkenntnis reicher: Ich hatte mich unbeabsichtigt in ein Projekt reingesteigert, das für einige Tage zu meiner heiligen Mission geworden war. Ich wollte auch eine „Refashionista" sein! Wozu? Damit mich die anderen für meine Kreativität bewundern und ich mich echt gut fühlen würde. Aha! Da hatte ich mich gleich selbst entlarvt: Es ging mir um Anerkennung! Um bewundert zu werden, war ich bereit, auf Biegen und Brechen etwas zu versuchen, das mir nur Albträume bescherte, weil es schlicht und einfach nicht zu mir und meinen Gaben passte! Ich hatte noch nie ein Kleid genäht. Ich konnte Löcher stopfen, Hosen kürzen oder nach einem Schnittmuster ein Etui oder etwas Vergleichbares nähen. Aber nie und nimmer konnte ich ohne jegliche Erfahrung ein hautenges Kleid nähen.

Es wird so viel Sinnvolles, Kreatives im Internet angeboten. Wenn ich aber den Anspruch erhebe, alles auch zu können oder zu wollen, dann überfällt mich eine hoffnungslose Überforderung. Klar wäre ich eine coole Mutter, wenn ich nicht nur die bunte Knete, sondern auch die beliebten Straßenkreiden oder den farbigen Badeschaum selber herstellen würde. Es gäbe immer noch mehr und noch bessere Ideen, die umgesetzt werden möchten. Das Internet führt mir diese Tatsache tagtäglich vor Augen.

Um bewundert zu werden, war ich bereit, auf Biegen und Brechen etwas zu versuchen, das mir nur Albträume bescherte, weil es schlicht und einfach nicht zu mir und meinen Gaben passte!

Vor vielen Jahren erzählte mir eine junge Frau, dass sie unzufrieden mit ihrem Leben sei und irgendwie nichts richtig auf die Reihe kriege. Als ich sie nach ihrer Freizeitgestaltung fragte, erzählte sie mir, dass sie im Internet surfe und dann vom Hundertsten ins Tausendste komme. Bevor sie es merkte, waren mehrere Stunden mit Surfen vergangen und sie hatte nichts von den Dingen erledigt, die sie hätte tun sollen. Sie informierte sich über die richtige Ernährung, pro und kontra von Diäten, wie man am schnellsten Fremdsprachen lernt und welche Bücher in dem Moment unter den Top Ten waren. Aber keine der Informationen war für sie hilfreich oder konnte in die Tat umgesetzt werden, im Gegenteil: Die junge Frau war wie gelähmt, bewegungsunfähig, orientierungslos und fühlte sich verloren. Sie wusste zwar nun, was alles gut wäre, aber die vielen Meinungen dienten ihr nicht zur Klärung, sondern verunsicherten sie nur noch mehr und machten sie unzufrieden.

Es kam mir so vor, als wäre das Suchen nach Lebensantworten im Internet wie das orientierungslose Umherirren in der Wüste auf der Suche nach einer Oase. Je verzweifelter man sucht, desto öfter begegnet man einer Fata Morgana, einem Trugbild, das die Wirklichkeit verzerrt. So war ich ja selber der „Refashonista-Fata-Morgana" erlegen und glaubte für einige Tage der Illusion, dass ich genauso eine kreative Näherin werden könnte.

Ich bin zur Überzeugung gelangt, dass ich in all dem Ideenreichtum aufgefordert bin, bei mir selber zu bleiben und zu wissen, wer ich bin und was ich kann.

In all dem Ideenreichtum bin ich aufgefordert, bei mir selber zu bleiben und zu wissen, wer ich bin und was ich kann.

Wenn dem so ist, dann muss ich auch nicht wie ein Fähnlein im Wind jede Idee, und sei sie auch noch so toll, nachahmen. Ich werde auch weiterhin nach kreativen Ideen im Internet suchen, aber dabei versuchen, mich auf meine Fähigkeiten zu konzentrieren und mich ansonsten an den Gaben der anderen zu erfreuen, ohne dass ich mich gleich in eine „Nachahmungsorgie" stürze. Das bedeutet dann für mich gesundes Abgrenzen.

Wenn ich heute merke, dass ich mit der Flut an Kreativität überfordert bin, dann erinnere ich mich an meine digitalfreie Kindheit und gehe zurück zu den Wurzeln. Aus diesem Grund bat ich in der Vorweihnachtszeit ganz einfach meine Freundin, Mutter von vier Kindern, um eine Idee für das Weihnachtsgeschenke-Basteln. Sie gab mir einen super Impuls mit dem Tipp, wo ich das entsprechende Zubehör kaufen könnte. Einmal entschieden, schaute ich nicht mehr nach links oder nach rechts und blieb bei meiner Entscheidung! Hätte es nicht noch bessere, originellere Ideen gegeben? Bestimmt! Aber meine Variante war total stressfrei und in einer guten Zeit erledigt. Punkt. Was will man mehr?

Das Internet hat viel Gutes, Kreatives und Inspirierendes – solange ich meine Schwächen und Grenzen kenne und mich sinnvoll schütze, um zu vermeiden, dass mir diese Schwächen zum Fluch werden. Es ist für mich eine Gratwanderung und es gelingt mir nicht immer, ganz bei mir zu bleiben. Vor allem wenn ich phasenweise mit mir und meinem Leben unzufrieden bin, dann locken ganz viele exotische Ideen mit ihrem Versprechen nach erfülltem Leben oder nach Zerstreuung. Youtube, Spiele, Online-Hörbücher, digitale Romane oder Blogs von scheinbar perfekten Frauen werden auch für mich manchmal zur Realitätsflucht. Vor allem in herausfordernden Zeiten tendiere ich dazu, in diese virtuelle Scheinwelt abzutauchen. Wie ein trotziges Kind verweigere ich mich den Tatsachen und ignoriere, was vor meiner Nase liegt. Lesen, auf dem Smartphone rumtippen, Videoclips schauen, alles wird dann zur Flucht. Es ist nicht mehr einfach Vergnügen oder Genuss – es wird zur Vermeidungsstrategie. Ich vermeide damit das Nachdenken und das Hören auf meine innere Stimme. Ich ignoriere die Stimme der Vernunft und die Gedanken, die mich ins Hier und Jetzt rufen wollen. Wenn diese Taktik auch nur ein einziges Mal etwas Besseres aus der jeweiligen Situation gemacht hätte, würde ich diese Realitätsflucht allen empfehlen. Nur leider ist dem nicht so und meine reale Welt wird mit jedem Schritt in die Fantasiewelt unattraktiver. Mit jedem Klick auf eine neue Seite der Grenzenlosigkeit wirkt mein Leben, in dem ich nun mal stecke, einengender und begrenzter.

Was mich immer wieder aus diesen exzessiven Verweigerungsphasen herausholt? Wahrscheinlich ist es die Sehnsucht, mein Leben aktiv zu gestalten. Klar kann ich meine Fantasien freier gestalten als mein Leben. Ich habe dort ja keine Verpflichtungen und auch keine Bindungen. Aber es sind eben nur Fantasien, genährt von virtuellen Welten – sie werden nicht oder nur bedingt wahr in meinem Leben. Und in meinem echten Leben passiert erst recht nichts Spannendes, wenn ich nicht bereit bin, es aktiv zu gestalten. Gestalten kann ich nur, wenn ich wahrnehme, und wahrnehmen kann ich nur durch Hinschauen. So schaue ich früher oder später immer wieder hin – in meine Welt, meine Realität. Ich atme dann tief durch und entscheide mich für ein neues Ja zum Roman meines Lebens, den ich zwar nicht alleine schreibe, aber den ich mitgestalten kann.

Das Wort „gestalten" scheint mir ein guter Maßstab zu sein für meinen Umgang mit dem Internet. Solange ich die Möglichkeiten des Internets und der sozialen Medien gebrauche, um mein Leben aktiv zu gestalten – also um mich mit sinnvollen Informationen zu füttern oder um kreative Ideen zu sammeln wie ein gegoogeltes Rezept oder eine Strickidee –, dann bewege ich mich auf der gesunden Seite der digitalen Welt und grenze mich gut ab. Schon die Bibel sagt: „*Es ist mir alles erlaubt – aber es ist nicht alles nützlich! Es ist mir alles erlaubt – aber es erbaut nicht alles!*" (1. Korinther 10,23; SCH). Und diese Aussage von Paulus hat bis heute Gültigkeit!

Solange ich die Möglichkeiten des Internets und der sozialen Medien gebrauche, um mein Leben aktiv zu gestalten, bewege ich mich auf der gesunden Seite der digitalen Welt und grenze mich gut ab.

Ach ja, es gab ja immer noch dieses Kleid im Schrank ... Was daraus wurde? Fast ein Jahr lang blieb es dort, ignoriert von mir, denn ich hatte Angst vor seinem verstümmelten Zustand! Irgendwann schaute ich aber der Realität ins Auge. Ganz nach dem Sprichwort „Wenn man viele Vorsätze hat, darf man auch einmal einen fallen lassen" gestand ich mir ein, dass ich das Kleid, Designer hin oder her, wegschmeißen darf, da ich es eh nie gebrauchstüchtig umgestalten würde!

Und übrigens geben Giraffen sehr wohl Töne von sich. Wir Menschen können sie nur nicht hören. Die Giraffengeräusche sind für unsere Ohren zu tief und liegen im unteren Frequenzbereich ...

22. Superheldin –
Die Kraft, die ich brauche

„Schwachheit ist in den Augen Christi nicht das
Unvollkommene gegenüber dem Vollkommenen,
sondern eher ist Stärke das Unvollkommene
und Schwachheit das Vollkommene."
Dietrich Bonhoeffer[7]

Es gibt diese Tage, an denen ich schon am Morgen, wenn ich die Augen aufschlage, weiß: „Heute ist nicht mein Tag!" Die Anforderungen, die Pflichten, die To-do-Liste, sie drücken mich mit aller Kraft tief in die Matratze zurück und machen mir das Aufstehen doppelt schwer. Jetzt kann man sich natürlich fragen, was zuerst war – das Ei oder das Huhn, der Gedanke an alles, was es an diesem Tag zu erledigen gibt, oder das Gefühl, all diesen Anforderungen nicht zu genügen? Wird es nicht erst recht zu einer Festlegung, zu einer sich selbst erfüllenden Prophetie, wenn ich den Tag schon mit solchen Überlegungen beginne? Es sind philosophische Fragen, die ich mir da stelle, die ich aber um sieben Uhr morgens, geweckt von meinen drei enthusiastischen Kindern, ehrlicherweise einfach nicht zu beantworten vermag.

Ich bin der „Vor-dem-ersten-Kaffee-Klappe-halten"-Typ. Damit bin ich aber leider die Einzige in unserer Familie. Während mir unsere Älteste schon von der ersten Minute ihres Wachseins mit ihren Ideen, Fragen und Anregungen die morgendliche Radiosendung ersetzt, bleibt mir nichts anderes übrig, als zuzuhören. Auf „Durchzug" zu schalten funktioniert nicht, da Julie regelmäßig frühmorgens meine Meinung zu ihren fantasievollen Ideen hören will. So bin ich geistig gefordert und kann nicht einfach nur körperlich anwesend sein.

Finn, Frühaufsteher wie sein Papa, fordert von mir als Erstes meine ganze Aufmerksamkeit mit dem Ausruf: „Hunger!" Da ich weiß, dass mein lieber Sohn in hungrigem Zustand ebenso gefährlich ist wie ein Tiger auf der Jagd, bin ich geneigt, ihm sofort mein Ohr zu schenken, damit Kollateralschäden wie Streit, Wutanfälle und Co. vermieden werden können.

Ich bin der „Vor-dem-ersten-Kaffee-Klappe-halten"-Typ. Damit bin ich aber leider die Einzige in unserer Familie.

Mir am ähnlichsten scheint da noch unsere Jüngste zu sein. Emélie will, verschlafen und durch kleine Augen blinzelnd, immer zuerst auf meinen Schoß klettern und ohne Worte bei mir kuscheln. In diesen stillen Augenblicken nehme ich mir kurz Zeit, gedanklich ein paar Jahre vorauszuschauen: Wie schön wird es einmal sein, wenn unsere Kinder – dann alle im Teenageralter – am freien Wochenende morgens nicht aufstehen mögen und ich dann allein in aller Ruhe meine erste Tasse Kaffee trinken werde! Vielleicht ein einseitig beleuchtetes Bild der Zukunft, aber eines, das mich in diesen Momenten bei der Stange hält!

An einem solchen Tag, mit falschem Fuß aufgestanden, übellaunig und den Sinn des Alltags nicht sehend, gilt jeweils das Motto „Augen zu und durch" – nicht nur für mich, sondern leider auch für meine Familie. Erschwerend kommt seit ein paar Jahren hinzu, dass ich plötzlich unter dem prämenstruellen Syndrom (PMS) leide und ein paar Tage vor meiner Periode in Achterbahngefühlsschwankungen verfalle. Ohne mein Einverständnis besteige ich jeden Monat diese Achterbahn und werde unkontrolliert durch die Loopings meiner Gefühle geschleudert. In dieser Zeit bin ich angespannt, müde, nahe am Wasser gebaut und hinterfrage mein ganzes Leben. Ganz nach dem Motto „Ich schmeiß alles hin und werd Prinzessin!" überlege ich mir, den Job zu kündigen, auszuwandern oder einfach alles, was ich tue, aufzugeben und mich in mein Mauseloch zu verkriechen. Mein Mann weiß dann, dass er besser unter dem Radar fliegt, das heißt: ja keine unnötige Aufmerksamkeit erregen, geschweige denn zum Anstoß des ehefraulichen Ärgers werden!

Am Ende eines solch zermürbenden Tages, der schon mühsam startete und einfach nicht besser werden wollte, goss ich mir niedergeschlagen einen meiner Lieblingskräutertees auf. Jeder Teebeutel ist mit einem „sinnvollen" Spruch bestückt; im besten Fall humanistischer Natur, manchmal aber auch total regenbogenfarbig esoterisch gefärbt. Ich halte mich beim Lesen dieser Sprüche an die einfache Regel vom Apostel Paulus: *„Prüft jedoch alles und behaltet das Gute!"* (1. Thessalonicher 5,21). Während ich also unzufrieden mit mir und meiner Situation in die Tasse Tee starrte, stach mir der Teebeutelspruch ins Auge: *„In mir finde ich die Kraft, die ich brauche."* Im Bruchteil einer Sekunde wurde der Kräutertee das Instrument für eine Gottesbegegnung.

Es stand mir glasklar vor Augen, es weckte mich wie ein starker Espressokaffee: Genau *das* ist die Lüge, die ich glaube! Tief in meiner Seele glaube ich immer noch, dass ich aus meiner eigenen Kraft leben kann. Das ist meine Rolle: die Starke und die

Selbstständige sein, diejenige, die Kraft hat und Kontrolle ausübt – die Superheldin. Diese Rolle macht mich aus, ich habe sie mir als Kind angeeignet und im Lauf der Jahre perfektioniert. Sie ist meine Stärke, aber zugleich auch meine Schwäche. Ich habe die Erwartung an mich, in jeder Situation stark zu sein und Schwierigkeiten selbstständig zu lösen. Folglich wird jedes Mal, wenn ich mich schwach fühle, meine Erwartung an mich selber enttäuscht und meine Seele glaubt, dass sie sich noch mehr anstrengen muss. Um Hilfe zu bitten und Hilfe anzunehmen, ist für mich ein langer Prozess des Lernens und Umdenkens, der noch immer nicht abgeschlossen ist. Das ist die Schattenseite meiner Rolle.

Das Positive daran ist, dass mir innerlich eine große Portion Kraft zur Verfügung steht, um viele Lasten zu tragen. Ich kann herausfordernden Situationen trotzen, aber auch leidende Menschen ein Stück weit begleiten. Durch meine innere Stärke ermutige ich andere und unterstütze sie darin, ihre eigenen Ressourcen und Kraftreserven zu finden. Ich habe die Fähigkeit, Menschen in ihre Selbstständigkeit zu berufen, weil ich selber auch selbstständig bin. So bin ich mir beiden Seiten derselben Münze bewusst, und je nach Situation liegt die eine oder andere Seite obenauf.

Ich würde ja kein Buch über meine Grenzen schreiben, wenn ich nicht die Erfahrung machen würde, dass ich oft an meine ganz und gar nicht „superheldinnenmäßigen" Kraftgrenzen stoße – und zwar ganz schön regelmäßig, da ich immer wieder das Gefühl habe, Lasten alleine stemmen zu müssen. Meine Seele glaubte lange der Lüge, dass ich nur vollkommen bin, wenn ich im-

> **Ich stoße immer wieder an meine ganz und gar nicht „superheldinnenmäßigen" Kraftgrenzen – und zwar ganz schön regelmäßig, da ich immer wieder das Gefühl habe, Lasten alleine stemmen zu müssen.**

mer stark sein kann. Gott aber sprach in der Küche durch einen Teebeutel eine andere Botschaft in mein Herz: „In *mir* findest *du* die Kraft, die du brauchst!" anstatt „In mir finde ich die Kraft, die ich brauche." Hier ist nur zweimal das Wort *ich* durch *du* ersetzt – eine so kleine Änderung, aber mit einer so großen Auswirkung auf die Bedeutung des Satzes! Es stimmt: In mir finde ich Kraft, die ich brauche, und das bringt mich schon ziemlich weit in meinem Leben. Aber *die* Kraft, das ultimative Energiepaket für alle Lebenslagen, kommt nicht aus mir heraus, es kommt von Gott. Für ihn bin ich auch in meiner Schwachheit vollkommen, denn er kann durch die Schwachen wirken und nicht durch die, die meinen, alles selber schaffen zu können.

Dietrich Bonhoeffer geht sogar noch weiter, wenn er sagt, dass die Stärke das Unvollkommene sei: *„Schwachheit ist in den Augen Christi nicht das Unvollkommene gegenüber dem Vollkommenen, sondern eher ist Stärke das Unvollkommene und Schwachheit das Vollkommene."*[8] Solange ich alles selber schaffen will, brauche ich ja keine Hilfe oder Ergänzung. Solange ich nur auf mich vertraue, bleibe ich stur auf Spur und viel Leben strömt an mir vorbei. Das heißt nicht, dass ich mich jetzt in ein hilfloses Opfer verwandeln muss, weil Gott auch durch die Schwachen wirkt – keineswegs! Gott liebt auch meine Stärke, er hat mich in meinem Leben geformt und mir ein sicheres Umfeld gegeben, damit ich genau diese innere Kraft entwickeln konnte. Aber auch der Stärkste wird mal müde, auch der Fähigste fühlt sich mal hilflos. Wenn ich dann meine, ich könnte noch alles selber stemmen, handle ich selbstzerstörerisch und ignorant. Der folgende Vers scheint nicht nur für das Volk Gottes geschrieben worden zu sein, sondern auch für mich ganz persönlich:

„Begreift ihr denn nicht? Oder habt ihr es nie gehört? Der Herr ist der ewige Gott. Er ist der Schöpfer der Erde – auch die ent-

ferntesten Länder hat er gemacht. Er wird weder müde noch kraftlos. Seine Weisheit ist unendlich tief. Den Erschöpften gibt er neue Kraft, und die Schwachen macht er stark. Selbst junge Menschen ermüden und werden kraftlos, starke Männer stolpern und brechen zusammen. Aber alle, die ihre Hoffnung auf den Herrn setzen, bekommen neue Kraft. Sie sind wie Adler, denen mächtige Schwingen wachsen. Sie gehen und werden nicht müde, sie laufen und sind nicht erschöpft" (Jesaja 40,28–31).

In meiner Beratungsarbeit werde ich mit vielen Problemen und Nöten konfrontiert. Menschen begegnen mir in ihrer Schwachheit und Hilflosigkeit. In diesen Situationen wird mir meine innere Ausgeglichenheit zu einer wertvollen Hilfe. Doch manchmal, wenn ich mir all das Unrecht und die scheinbar ausweglosen Lebensgeschichten anhöre, überkommt mich trotz all meiner inneren Kraft und Stabilität eine Hilflosigkeit und ein Gefühl der Unzulänglichkeit. Dann spüre ich klar, dass auch meine Stärke an ihre Grenzen stößt, ja dass ich nicht alles selber zu tragen vermag. Diese Erfahrung zu machen ist zwar schmerzhaft,  aber auch heilsam. Ich muss nicht eine Superheldin sein, die alle Probleme dieser Welt aus ihren eigenen Kräften löst. Ich muss nicht wie Superman oder Superwoman die Welt vor ihrem Untergang bewahren, denn das hat Gott bereits für mich getan. Immer wieder erinnert er mich daran, dass *er* derjenige ist, der nicht müde wird und dass *er* die unerschöpfliche Weisheit besitzt. Von dieser Kraft und Weisheit will ich mich abhängig machen, denn nur im Vertrauen auf Gott gelingt es mir auf lange Sicht, an der Seite dieser Menschen zu laufen, ohne müde zu werden oder aufzugeben.

Und was bedeutet das jetzt für meine „Heute-ist-nicht-mein-Tag"-Tage? Die habe ich ja trotz aller Einsicht immer noch und auch meine hormonell bedingten Gefühls-Loopings lösten sich bis heute nicht in Luft auf. Die Erkenntnis, dass ich in Gott die Kraft finde, die ich brauche, hilft mir, barmherziger mit mir selber zu sein und die anstrengenden Tage so zu akzeptieren, wie sie sind. Ich lerne immer noch, meine kraftlosen Tage zu nutzen, damit ich mich erhole. Gleichzeitig vermeide ich es, in der Achterbahn der „Hormongefühle" wichtige Entscheidungen zu treffen. Ich mache die Erfahrung, dass sich in diesen Tagen die Welt auch ohne mein kraftvolles Einschreiten weiterdreht. Dabei wird mir bewusst, dass Gott (und übrigens auch mein Mann!) trotz meiner Schwachheit ein volles Ja zu mir hat. Ich darf darauf vertrauen, dass *er* mir gerade so viel Kraft schenkt, wie ich in der jeweiligen Situation brauche.

Ich muss nicht eine Superheldin sein, die alle Probleme dieser Welt aus ihren eigenen Kräften löst. Ich muss nicht wie Superman oder Superwoman die Welt vor ihrem Untergang bewahren, denn das hat Gott bereits für mich getan.

Ich habe es schon oft gehört, aber einmal mehr neu begriffen: Gott ist die Quelle meiner Kraft, ich muss mir nicht selber Kraftquelle sein. Wenn ich mich aber verleiten lasse, alles selber machen zu wollen, dann lässt er mich gewähren; es gibt keinen Zwang von seiner Seite her. Gott wartet, bis mein Herz bereit ist, die Wahrheit zu hören, und bis ich am Ende meiner Kräfte bin. Wenn es dann so weit ist, sagt er nicht: „Siehst du! Ich hab's dir ja gesagt!" Nein! *Er* ist sich nicht zu schade, durch einen

Kräuterteebeutelspruch zu mir zu sprechen! Warum? Weil er mich liebt und das Beste für mich will.

Jetzt habe ich es begriffen – bis zum nächsten Mal, wenn meine Seele wieder mal auf sturer Autopilot schaltet und einfach selber das Steuer übernehmen will. Doch jetzt spüre ich die Wahrheit, dass ich alle Kraft, die ich brauche, in Gott finde. Wie befreiend: Meine Stärke hat Grenzen, aber Gottes Kraft ist grenzenlos!

23. Der weite Horizont und die Enge in meiner Brust

„Glück heißt, seine Grenzen kennen – und sie lieben."
Romain Rolland

Wenn ich auf mein bisheriges Leben zurückblicke, dann stelle ich fest, dass ich die einschneidensten Erlebnisse mit meinen persönlichen Grenzen oft im Ausland gemacht habe. Mit dem Verlassen des Vertrauten und Geliebten und dem mich Aufmachen ins Unbekannte wurde meine Seele gefordert, an ihre Grenzen zu gehen. Genau dort, an der Schwelle meiner mir bekannten Erfahrungen und dem mir unbekannten Neuen, konnte ich entweder durch Landerweiterung wachsen oder ich scheiterte an der neuen Herausforderung und meine Grenzen wurden verstärkt.

Lange Zeit dachte ich: Wenn ich an eine persönliche Grenze stoße, muss ich versuchen, diese Grenze zu erweitern, ja, sie mit aller Kraft wegstoßen. Wenn mir das nicht gelang, dann zog ich mich resigniert auf bekanntes Terrain zurück, möglichst weit weg von der Grenze, damit mir mein Unvermögen nicht immer ins Auge stach. „Angriff oder Rückzug" war das Bild, das ich zum Thema „Umgang mit meinen persönlichen Grenzen" in mir trug. Im peruanischen Dschungel, in einer Lodge namens „Bello Horizonte", lernte ich jedoch noch einen weiteren Umgang mit Grenzen, der mir bisher unbekannt war.

Zusammen mit unserer ältesten Tochter Julie besuchte ich im Frühling 2015 meine Schwiegereltern, meine Schwägerin und meinen Schwager inklusive Neffen. Während die Eltern meines Mannes erneut seit sieben Jahren in Peru lebten, war Stefans Schwester mit ihrer Familie erst seit einigen Monaten dort. Die Lodge „Bello Horizonte" („schöner Horizont") sollte Schauplatz einiger Urlaubstage sein, zu denen meine Schwiegermutter uns zu ihrem 60. Geburtstag eingeladen hatte. Während sich alle anderen schon im  Voraus auf dieses Ereignis freuten, hielt sich mein Enthusiasmus in Grenzen. Mir war es beim Gedanken an den Dschungelaufenthalt nicht unbedingt wohl, ich konnte aber nicht herausfinden, was eigentlich der genaue Grund meiner Zurückhaltung war. So ließ ich diese Tage auf mich zukommen.

Als das Abenteuer begann, wurden wir mit einem kleinen Bus zur Lodge außerhalb der Stadt gefahren. Es ist schwierig mit Worten zu beschreiben, was dann mit mir geschah, als ich aus dem Bus stieg. Das „Bello Horizonte" liegt auf einem Hochplateau. Dies ermöglicht eine wunderbare Weitsicht über das satte Grün des Dschungels. So weit das Auge reicht, ein Meer aus grüner Vegetation, eingepackt in feuchte Hitze. Aber weder die Weite des Horizonts noch die Freude meiner Familie konnten verhindern, dass sich mein Innerstes anfühlte, als drückte mir jemand mit eiserner Faust das Herz zu. Die Hitze und die

Feuchtigkeit, auch sonst keine Freunde von mir, drückten mich augenblicklich nieder und machten mir das Atmen schwer. In Sekundenschnelle erfüllte mich eine panische Platzangst, die mich bewegungsunfähig machte. Die Stille der Umgebung verwandelte sich in meinem Innern zu einem schrillen, ohrenbetäubenden Schrei.

Julie erkundete mit viel Begeisterung unseren Bungalow und kam fast nicht aus dem Staunen heraus über die Badetücher, die wie Schwäne gefaltet auf dem Bett lagen. Ich hingegen nahm nur die dunklen Holzwände und die Enge des Zimmers wahr. Mit aller Kraft musste ich gegen die Stimme in mir ankämpfen, die mir zuschrie: „Flieh! Bloß weg von hier!" Wie sollte ich es nur vier Tage hier aushalten? Wie sollte ich bloß so tun, als wäre mit mir alles in Ordnung? Ich konnte doch jetzt mit meiner „komischen Laune" nicht das Abenteuer der Familie vermiesen! Und während ich innerlich erstarrte und äußerlich auf Autopilot schaltete, wurde mir plötzlich bewusst, was mit mir los war. Das ganze Setting, die Hitze, die Einsamkeit und Stille, die Einfachheit der Häuser – all das katapultierte mich gefühlsmäßig elf Jahre zurück und ich erlebte eine Art „Flashback".

Im Jahr 2004, noch bevor mein Mann und ich für einen Jahreseinsatz nach Thailand reisten, waren wir im Rahmen eines Kurzzeiteinsatzes schon für ein paar Wochen mit den Teilnehmern einer Bibelschule dort. Ein Teil dieser Zeit bestand darin, als Kleingruppe, bestehend aus fünf Leuten, für eine Woche lang ganz abgelegen in einer Bambushütte zu wohnen. Dort gab es weder Strom noch fließend Wasser. Wir jungen Europäer lebten wie die Einheimischen in total einfachen Verhältnissen.

Diese Tage glichen in etwa einer dieser Survival-TV-Sendungen, nur mit dem Unterschied, dass es bei uns niemanden gab, der uns rausholte. Damals, in jener unfreiwilligen Abgeschiedenheit, entwickelte sich in mir das „Thailand-Gefühl", das ich auch in späteren ähnlichen Situationen während unseres einjährigen Missionsaufenthaltes in Thailand empfand. Es war das Gefühl des Ausgeliefertseins und der Bewegungslosigkeit. Es beinhaltete heiße Lethargie und die Unfähigkeit, sich positiv in die äußeren Umstände einzubringen.

Unauslöschlich prägt sich mir die Erinnerung an jene Nachmittage in dieser Bambushütte ein. Müde von der körperlichen Morgenarbeit und niedergedrückt von der Mittagshitze, lagen wir Teilnehmer des Einsatzes bei 40 Grad Celsius herum wie die toten Fliegen. Die Hütte war auf einem Hügel gebaut, weit und breit gab es keine Bäume, die kühlen Schatten spendeten. Niemand aus unserer Gruppe konnte sich an jenen Nachmittagen aufraffen, irgendetwas zu unternehmen oder für den nächsten Tag vorzubereiten. Die Zeit lief wie durch Melasse, klebrig blieb sie an mir hängen und wollte einfach nicht vorbeigehen! Antriebslos wartete ich, bis die Sonne am Horizont versank und es ein wenig kühler wurde.

Und plötzlich, fast zwanzigtausend Kilometer von Thailand entfernt auf der südlichen Halbkugel in einem anderen einsamen Winkel auf der Erde namens „Bello Horizonte", klebten dieselben „melassigen" Gefühle wieder an mir. Nur verschwommen nahm ich deshalb meine neue Umgebung wahr. Doch einige Tatsachen vor Ort forderten meine ganze Aufmerksamkeit. Da war zum Beispiel der Aufenthaltsraum ohne feste Wände, nur mit Fliegengittern bespannt. In diesem „offenen" Raum stand auf einer Konsole ein großes Einmachglas mit einer in Formaldehyd eingelegten Schlange. Wegen dieses toten Reptils und meines delikaten emotionalen Zustands fühlte ich mich völlig unwohl im Aufenthaltsraum. Während mein Schwiegervater begeistert von der Vegetation schwärmte, nahm ich sie als Bedrohung wahr. Jeder Schritt außerhalb des schützenden Bungalows erfüllte mich mit unbehaglicher Angst, irgendeinem blutsaugenden oder giftigen Getier zu begegnen. Julie hingegen, voller kindlicher Freude und Neugier, erklärte mir, dass sie ganz lange hierbleiben wolle. Die Siebenjährige erfreute sich beim Baden im Pool, sie genoss den Spaziergang durch den Dschungel und war glücklich beim Spielen mit ihren beiden Cousins. Für sie war der erste Tag in „Bello Horizonte" ein wunderschönes Abenteuer!

Meine Schwiegermutter mit ihrer sensiblen Art merkte bald, dass es mir nicht gut ging. Beim Mondschein vor unserem Bungalow sitzend fragte sie mich behutsam nach meinem Befinden. Da brach es wie ein Stausee aus mir raus und ich erzählte ihr von meinen „Thailand-Gefühlen", die mich völlig unerwartet überrollten. Was dann während des darauffolgenden Gesprächs geschah, könnte man „Transformation" nennen. Ich musste feststellen, dass ich sehr hart und unbarmherzig zu mir selber war. Ich erwartete von mir, nicht so „doof zu tun". Mein „Ich" sagte zu mir: „Jetzt nimm dich mal zusammen! Was machen das bisschen Hitze und Dschungel schon aus?" Und da war meine Schwiegermutter, die meine „Thailand-Gefühle" ernst nahm. Sie sagte mir weder: „Da musst du jetzt halt durch" noch: „Beiß die Zähne zusammen! Es dauert ja nur ein paar Tage." Sie versuchte mich auch nicht durch die negativen Gefühle „durchzucoachen", damit ich am Ende des Gesprächs eine Bewältigungsstrategie gehabt hätte. Nein! Stattdessen hielt sie meine Gefühle hoch, schenkte ihnen Verständnis, erkannte an, was Sache war und was sich daraus im Lauf der Jahre für ein Bild verfestigt hatte. Klar und entschieden bekundete sie: „Lass uns früher nach Hause fahren!"

Das schockierte mich derart, dass ich resolut widersprach und ihr entgegnete, dass doch nicht alle nach meiner Pfeife tanzen müssten und dass Aufgeben keine Lösung sei. Aufgeben – ein schwieriges Wort, denn es bedeutete für mich „versagen"! In diesem Moment hatte ich nämlich den verzweifelten Eindruck, dass ich diese Grenze, die mir die „Thailand-Gefühle" vorschrieben, mit aller Gewalt überwinden müsste, sollte es auch noch so unmöglich erscheinen. Ich konnte doch jetzt nicht an dieser Grenze stehen bleiben und resigniert aufgeben!

„Wozu willst du diese Grenze überwinden?", hörte ich meine Schwiegermutter fragen. „Hast du in den nächsten Jahren vor, irgendwo auf der Welt in einem Dschungel zu wohnen? Hat Gott euch einen Auftrag in diese Richtung gegeben?"

Diese Fragen waren so paradox, dass ich mich noch gut an mein spontanes Lachen erinnere. „Nein, um Himmels willen, nein!"

Wozu, meinte sie weiter, solle ich also so viel Energie darauf verwenden, diese Grenze zu überwinden? Welchen Nutzen brächte die Überwindung dieser Grenze? Dachte ich, dass ich Gottes Spur in meinem Leben in der Überwindung dieser Grenze fände?

Mithilfe meiner Schwiegermutter durfte ich realisieren, dass es im Leben auch Grenzen gibt, die ich stehen lassen und akzeptieren darf – ich muss nicht wie eine Superheldin über alles hinwegfliegen, sondern darf fest auf dem Boden meiner subjektiven Tatsachen stehen. Meine „Thailand-Gefühl-Grenze" darf Grenze bleiben, denn sie macht das Leben, das Gott für mich vorgesehen hat, nicht kleiner. Ich muss mich auch nicht vor ihr zurückziehen und sie ignorieren oder gar verleugnen, sondern ich darf sie anschauen und in mein Leben integrieren. Das Akzeptieren dieser Grenze ist insofern wichtig, als dass ich dankend ablehnen werde, sollte mich jemals jemand zum Urlaub im Dschungel einladen. Ansonsten hat diese Grenze keinen Einfluss auf mein jetziges Sein und Tun. Ich darf mir die Energie ersparen, sie um jeden Preis überwinden zu wollen.

Ich durfte realisieren, dass es im Leben auch Grenzen gibt, die ich stehen lassen und akzeptieren darf.

Anselm Grün schreibt in seinem Buch *Grenzen setzen – Grenzen achten*: *„Wir sollen einverstanden sein mit unserer Begrenztheit, dankbar sein für die Grenzen, die wir an uns und anderen erfahren. Der Schlüssel zum Glück liegt darin, sich in seiner eigenen Begrenztheit zu lieben und auch die Menschen mit ihren Grenzen zu lieben."*9 Wie befreiend ist doch der Gedanke für mich, dass ich trotz meiner Begrenztheit geliebt bin von Menschen und Gott! Meine Familie jedenfalls willigte ohne Wenn und Aber ein, dass wir das „Bello Horizonte" bereits nach einer und nicht wie vorgesehen nach drei Nächten verlassen würden. Zu keiner Zeit gaben sie mir das Gefühl, in meiner Begrenztheit ein Störfaktor oder eine Versagerin zu sein. Keine tausend schönen Worte ihrerseits hätten mir deutlicher zeigen können, dass sie mich lieben, so wie ich bin!

Dieses Erlebnis in „Bello Horizonte" wurde für mich von einer gefühlten Niederlage zu einer erlebten Ermutigung! Ich kehrte in die pulsierende Stadt zurück mit der befreienden neuen Erkenntnis, dass ich nicht alle Grenzen überwinden oder vermeiden muss, sondern dass ich auch meine eigenen Grenzen akzeptieren darf. Ich darf sie stehen lassen. Dies bedeutet absolut keine Schwäche. Im Gegenteil, meine Identität erhält mehr Konturen. Dadurch kann ich selbstbewusst und gestärkt sagen: „So bin ich! Geliebt von Gott und den Menschen!"

24. Wenn Hunger nicht das Problem ist

„Der Langsamste, der sein Ziel nicht aus den
Augen verliert, geht noch immer geschwinder
als jener, der ohne Ziel umherirrt."
Gotthold Ephraim Lessing

Als ich zwanzig Jahre jung war, hätte ich nie gedacht, dass mein Gewicht jemals ein Problem werden könnte, indem es meine Gedanken überproportional beherrschen würde. Wenn ich damals Lust hatte, eine ganze Tafel Schokolade zu essen, dann tat ich es einfach. Was das Essen anbetraf, befand ich mich in meiner Jugendzeit im Bereich der grenzenlosen Freiheit. Deshalb empfand ich nach dem Herunterschlingen einer ganzen Schokolade absolut keine Gewissensbisse. Essen gehörte einfach zu meinem Leben, es war natürlich und genussvoll. In meiner Familie wird gerne und gut gespeist. Vor allem Feier- und Ferientage waren Gründe, um es sich gut gehen zu lassen.

Zwischen meinem heutigen Ich und meinem zwanzigjährigen Selbst liegen inzwischen achtzehn Jahre. Heute weiß ich bei jedem Riegel Schokolade, wie viele Kalorien ich in mich reinfuttere und wann mein „Kaloriensoll" überschritten wird. Während Essen früher die schönste Nebensache der Welt war, wurde es in den vergangenen Jahren zur manchmal einzig schönen Hauptsache ...

Mein Gewicht verhält sich so unbeständig wie meine Laune ein paar Tage vor der Menstruation. Die Verteilung der Kilos, oder besser gesagt die Art, wie jeder Körper aufs Essen reagiert, ist eines der Dinge, die meiner Meinung nach völlig ungerecht ablaufen. Warum gibt es Menschen, die wie ein Mähdrescher essen können und dabei immer noch schlank bleiben? Und warum genau muss *ich* zu jenen gehören, die gerne essen und dabei jedes Kilo gleich einbunkern? In meiner ganz persönlichen Welt ist das einfach nur unfair!

Drei Schwangerschaften und unzählige Hormonschwankungen veränderten meine Einstellung zur Nahrungsaufnahme total. Während meiner Schwangerschaften ging ich allen Essgelüsten unbekümmert nach und nutzte den wachsenden Bauchumfang als Tarnung für die überflüssigen Kilos. Als dann später die Kinder nach einem aufreibend langen Tag mit viel Geschrei, Unordnung und schmutzigen Windeln abends im Bett lagen, belohnte ich mich völlig abgekämpft mit feinen Naschereien. Dabei entspannte ich mich auf die schnelle Art. Solch anstrengende und herausfordernde Tage waren wohl eher die Regel als die Ausnahme.

Die Verteilung der Kilos, oder besser gesagt die Art, wie jeder Körper aufs Essen reagiert, ist eines der Dinge, die meiner Meinung nach völlig ungerecht ablaufen.

Es gab auch Momente in meinem Muttersein, da merkte ich schlichtweg nicht, was ich eigentlich alles aß, denn ich war vollauf damit beschäftigt, während der Abendmahlzeit drei Kindern Brote zu streichen und sie in mundgerechte Stücke zu schneiden. Gleichzeitig wischte ich die Kakaolache vom Boden auf *und* beantwortete gefühlte tausend Fragen. Da blieb keine Zeit zum „bewusst Essen", „jeden Bissen Genießen" oder „den Teller schön Herrichten". Im Gegenteil! Manchmal schlang ich im Stehen einen Bissen runter oder ich aß überhaupt nichts. Dabei vertröstete ich mich auf später, auf den Moment, wenn die Kinder im Bett schlafen würden und ich ungestört essen konnte. So eignete ich mir im Lauf der Jahre schlechte Essgewohnheiten an.

Irgendwie gelang es mir nach jeder Schwangerschaft, etwas Babyspeck loszuwerden, nur um dann bald wieder „aufzugehen" wie ein Gugelhupf im Backofen. Fast unbemerkt schlich sich über die Jahre des Zu- und Abnehmens eine innere Obsession ein. Essen wurde plötzlich zu einem enorm wichtigen Thema in meinem Leben. Irgendwie entglitt mir der gesunde Umgang mit der Ernährung. Wenn ich einen vollen Teller vor mir hatte und genüsslich essen wollte, dann plagte mich das schlechte Gewissen, weil ich dachte,  dass es besser wäre, nicht zu essen. Wenn ich auf Diät war und versuchte, diszipliniert zu bleiben, dachte ich ständig darüber nach, was ich jetzt gerade gerne essen würde. Oft gab ich dann diesen Gedanken und Gelüsten nach und aß etwas. Im Nachhinein fühlte ich mich schlecht und als Versagerin. So begann die Waage, meinen Gefühlshaushalt zu steuern. Die Anzeige der Kilos bestimmte manchmal schon am Morgen meine Laune für den restlichen Tag.

Ich unternahm viele Versuche abzunehmen, einige mit Erfolg, andere ohne. All diese Bemühungen hatten jedoch zur Folge, dass ich innerlich müde wurde und resignierte. Irgendwann nahm das Essen und das Nicht-essen-Dürfen gedanklich so viel Raum ein, dass ich für mich entschied: So kann es nicht weitergehen! Ich stand vor der Wahl: Entweder könnte ich mich mit meinem Körper und seinen Rundungen versöhnen oder noch einmal einen Abnehmversuch starten. Denn ich spürte, dass ich mich in meiner Haut nicht wohlfühlte. Ich hatte noch einige Kilos zu viel für mein Wohlfühlgewicht. Aber wie sollte ich mit Erfolg abnehmen, wenn ich doch schon so vieles ausprobiert hatte?

Genau in dieser Zeit stieß ich auf das „Lebe leichter"-Programm. Für mich war dies die Antwort des Himmels auf meine drängenden Fragen. Das Konzept schien so simpel, dass ich mich entschied, zusammen mit meiner Schwägerin den dreimonatigen Kurs anzupacken. Und tatsächlich, in drei Monaten erreichte ich das mir gesteckte Ziel. Dabei lernte ich, dass ich das Essen zwar genießen soll, es aber an Wichtigkeit in meinem Leben abnehmen darf. In diesen drei Monaten gelang es mir, meinen Essensrhythmus umzustellen, mehr auf meinen Bauch zu hören und mein Sättigungsgefühl wieder zu spüren.

Wie sollte ich mit Erfolg abnehmen, wenn ich doch schon so vieles ausprobiert hatte?

Ich war so begeistert von diesem Programm (und bin es bis heute), weil es keine Diät, sondern ein ganzheitliches Training ist, dass ich voller Enthusiasmus den Verfasserinnen des Buches eine E-Mail schrieb, um mich zu bedanken. Postwendend kam ihre Antwort zurück. In ihrer E-Mail war die Rede von „Jetzt wird's erst schwierig ... die Königsdisziplin ist: Gewicht halten ... bleib dran!" Mein vernünftiges Ich nickte weise und dachte: „Wohl wahr!", aber meine Seele antwortete: „Ja ja ... bla bla!" Meine Seele hatte ihr Ziel erreicht, und jetzt hatte sie doch wohl das Recht, sich auf den Siegerlorbeeren auszuruhen – genauso wie ein Läufer! Wenn er das Ziel erreicht hat, dann bekommt er eine Medaille, darf sich erst mal ausruhen und sich an seiner Leistung erfreuen. Und am Ziel angekommen, hat man doch auch eine Belohnung verdient, zum Beispiel in Form von Essen ...

So schwebte ich ein, zwei Wochen ganz leicht auf Wolke sieben, bis mich die Realität in Form der Waage wieder auf den Boden der Tatsachen holte. Es war Ferienzeit und wir hatten viel Besuch. Ehe ich mich versah, waren da wieder die Extrakilos auf der Waage. Ich war sehr entmutigt und mein Mann hatte seine liebe Mühe, meine Unbeständigkeit und Inkonsequenz nachzuvollziehen. Stefan ist der zielstrebige Typ; was er sich vornimmt, ist schon bald erreicht. Er bot mir an, mich beim Abnehmen zu unterstützen. Als Ansporn kaufte er mir eine Perle für mein Silberarmband. Diese wollte er mir schenken, wenn ich mein Zielgewicht wieder erreicht hätte. Einmal mehr war ich motiviert und scheiterte dann trotzdem nach einiger Zeit an den guten Vorsätzen.

Nach einem Jahr „Ziel noch nicht erreicht" verkündete mir mein Mann, dass ihm das Ganze zu albern sei und er die Perle wohl wieder verkaufen werde. Ich schwieg dazu, aber in mir kam ein Gedanke auf, den ich schon länger ängstlich in mir herumtrug: „Er liebt mich nur, wenn ich schlanker bin. Er findet mich nicht mehr attraktiv!" Mein Verstand wehrte sich sofort dagegen, aber die Gefühle waren in der Überzahl. Von da an blieb stets ein kleiner Restzweifel in mir, ob Stefan es auch wirklich ernst meinte, wenn er mir sagte, dass ich schön sei. Ich begann an mir zu zweifeln. Warum gelang es mir nicht, mein Ziel zu erreichen? Warum konnte ich mein Gewicht nicht halten? Weshalb schlug ich mich jetzt schon Jahre mit diesem mühsamen Thema rum?

Die Erkenntnis, dass ich jahrelang versuchte, das Pferd am Schwanz aufzuzäumen, kam schrittweise in mein Leben. Bei jeder Frau mag das anders sein, ich für mich erkannte aber: Ich musste nicht mit einer Diät meine Kilos bekämpfen; es ging vielmehr darum, mich und mein Essverhalten zu reflektieren. Mir gingen einige Fragen durch den Kopf: Warum hat das Essen einen so hohen Stellenwert bei mir? Warum will ich jetzt gerade essen? Welches Bedürfnis stillt die Nahrungsaufnahme in diesem Moment? Wo ist meine Seele nicht gesättigt? Wie kann ich mir auch sonst etwas Gutes tun?

> **Die Erkenntnis, dass ich jahrelang versuchte, das Pferd am Schwanz aufzuzäumen, kam schrittweise in mein Leben.**

Ich hatte den Eindruck, dass ich umdenken musste. Für mich war eine Gesinnungsänderung notwendig; erst dann könnte sich mein Essverhalten ändern und damit auch mein Gewicht auf der Waage. Auf mich traf zu, was die Autorinnen in ihrem Buch *Lebe leichter* so treffend formulierten: *„Wenn Hunger nicht das Problem ist, dann kann Essen nicht die Lösung sein"* oder auch: *„Die Bedeutung des Essens muss im Kopf abnehmen"*[10]. Genau das wünschte ich mir: Das Thema Essen sollte wieder den Platz in meinem Leben bekommen, der ihm gebührt. Und ihm gebührt nicht einer der Hauptschauplätze auf der Bühne meines Lebens. Mir wurde klar: Wenn ich gefrustet oder gelangweilt bin, ist es einfacher und schneller, mir etwas Feines aus dem Kühlschrank zu schnappen, als mich hinzusetzen, in meine Seele zu blicken und mich zu fragen: Was macht mich unzufrieden? Wo muss ich etwas an meinem Lebensrhythmus ändern? Was kann mich sonst in meinem Leben ausfüllen?

Wenn Jesus von sich sagt: *„Ich bin das Brot des Lebens. Wer zu mir kommt, wird niemals wieder hungrig sein, und wer an mich* *glaubt, wird nie wieder Durst haben"* (Johannes 6,25), dann gilt das auch für mein Leben. Bei ihm werde ich satt, er stillt meinen Hunger nach Leben und meinen Durst nach Frieden. Bei ihm finde ich Annahme und Liebe. Wenn ich das einmal für mein Leben begriffen haben werde, dann wird es keinen Jo-Jo-Effekt mehr geben, denn Jesus verspricht, dass meine Seele nie wieder hungrig oder durstig sein wird!

Ein halbes Jahr, nachdem mir mein Mann klargemacht hatte, dass er die Perle verkaufen werde, schenkte er mir sie zu Weihnachten – völlig unerwartet und „unverdient". Er übergab sie mir wortlos, und mit dieser Handlung sprach er mehr als mit tausend schönen Worten! Ich brach in Tränen aus und verkroch mich in seine Arme. Nach einer Weile meinte er: „Dann ist wohl alles in Ordnung!" Er war sich nicht sicher, wie ich die Geste verstehen würde. Würde ich mich gedrängt fühlen, dass ich jetzt endlich abnehmen soll? Würde ich es als Trostpreis sehen oder als Zeichen, dass er mich als einen „hoffnungslosen Fall" aufgegeben hätte? Ich verstand es in der einzigen Weise, die richtig war: Mein Mann liebt mich, unabhängig von meinem Aussehen und meinen Pölsterchen hier und da. Er hat ein uneingeschränktes Ja für mich. Mit dieser Perle gab er mir etwas ganz Kostbares zurück: meine Würde als Frau und seine Liebe, die nicht an eine Bedingung geknüpft ist.

Nun liegt es wieder in meinen Händen, abzunehmen. Wenn ich mich dazu entscheide, dann werde ich es nicht meinem Mann zuliebe tun, sondern für mich, weil ich bereit dazu bin. Mir wurde bewusst, dass ich das Ziel neu definieren möchte. Mein Ziel soll nicht sein, eine gewisse Anzahl Kilos auf der Waage zu erreichen, denn das wäre aus meiner Erfahrung eher kurzfristig und nicht von langer Dauer. Ich habe mir ein längerfristiges

Ziel gesetzt, eines, dessen Früchte auch noch in einigen Jahren zu sehen sind. Bevor ich Kilos abnehme, arbeite ich erst mal daran, dass für mich die Bedeutung des Essens abnimmt – wenn mir das gelingen sollte, dann beherrsche ich in der Tat die Königsdisziplin!

25. Aufbruch in den Umbruch

„Wer heute den Kopf in den Sand steckt,
knirscht morgen mit den Zähnen."
unbekannter Verfasser

Es gibt diese Phasen im Leben, die von Veränderungen geprägt sind. Meist kommen sie nicht abrupt oder unangekündigt, sondern sie nähern sich langsam. Sie sind zuerst nur ein Duft, ein kleiner Fleck am Horizont oder ein Windhauch, der von Umbruch zeugt. Irgendwann verwandelt sich die Ahnung dann in Gewissheit und das ist jeweils der Zeitpunkt, bei dem ich meine bevorzugte „Vogel-Strauß-Taktik" anwende: den Kopf in den Sand stecken und so tun, als bliebe alles beim Alten!

Nachdem ich fünf Jahre lang nicht mehr in meinem Beruf als Pflegefachfrau gearbeitet hatte, führte im Jahr 2016 eine bevorstehende berufliche Veränderung meines Mannes dazu, dass wir unsere Arbeits- und Familiensituation neu überdenken mussten. Ein Umbruch kündigte sich an! „Umbruch" – ein Wort, das die Augen meines Mannes zum Leuchten bringt und ihn voller Tatendrang und Entdeckerfreude übersprudeln lässt. Mich hingegen verwandelt dieses Wort regelmäßig zum „Vogel

Strauß"! Von der Superheldin, die mutig den Veränderungen entgegengeht, keine Spur!

Stefan und ich leben ein modernes Familienmodell, denn seit wir Eltern sind, teilen wir uns die Aufgabe des Geldverdienens und der Kinderbetreuung.

Dieses Modell verlief bei uns immer sehr harmonisch, das heißt: Wir passten es schon mehrmals unseren wechselnden Bedürfnissen und der jeweiligen sich verändernden Familiensituation an. So war ich mir bewusst, dass irgendwann der Schritt von meinem Bürojob mit flexiblen Arbeitszeiten zurück in meinen erlernten Beruf als Pflegefachfrau mit vorgegebenen Arbeitszeiten und strikteren Arbeitsabläufen kommen würde. Als es dann aber so weit war, tat sich der beständige und sicherheitsliebende Anteil in mir sehr schwer mit der Tatsache der bevorstehenden Veränderung.

Längere Zeit schnitten wir als Ehepaar dieses Thema der erneuten beruflichen Veränderung nur kurz an und ließen es dann wieder ruhen. Das war für mich in Ordnung, denn der Wechsel lag noch weit vorne am Horizont, fühlbar wie ein Windhauch, aber noch nicht wirklich sichtbar. Ein Stelleninserat in der Wochenzeitung konfrontierte mich dann aber unmissverständlich mit dem Unausweichlichen. In meinem Wunschbetrieb war eine freie Stelle ausgeschrieben! Dieses Inserat stürzte mich in eine kleine Krise. Mit klammen Fingern und klopfendem Herzen notierte ich mir die angegebene Telefonnummer, nur um dann sofort mit der Verdrängungstaktik anzufangen. Ich steckte den Kopf in den Sand und tat so, als hätte ich nichts gelesen und nichts notiert. Dabei gaukelte ich mir vor, es bliebe für immer und ewig alles beim Gewohnten.

Über die Jahre machte ich allerdings die Erfahrung, dass diese Strategie nur für kurze Dauer wirksam ist, denn wenn ich einfach wegschaue, dann kneift mich das Neue früher oder später – meistens früher als später – in den Hintern. Je länger ich also meine Augen vor einer unweigerlich kommenden Veränderung verschließe, desto dramatischer wird das Hinschauen. Plötzlich stehe ich dann nämlich fast Auge in Auge vor vollendeten Tatsachen und frage mich zähneknirschend: „Wie konnte das passieren? Wieso habe ich das nicht kommen sehen?" Weil ich am Hintern keine Augen habe! Durch meinen Versuch, eine sich ankündigende Veränderung zu ignorieren, liefere ich mich willenlos dem Kommenden aus und habe keine Möglichkeit, das Neue mitzugestalten. Das Leben nimmt dann seinen Lauf und die Gefahr ist groß, dass ich plötzlich einen Weg einschlagen muss, den ich für mich nie ausgewählt hätte.

Ich steckte den Kopf in den Sand und tat so, als hätte ich nichts gelesen und nichts notiert.

Obwohl ich das alles wusste, stand ich nun mit dem Kopf im Sand und dem Stelleninserat in der Hand da und tat so, als wüsste ich von nichts. Ich hatte ganz gewiss nicht den Mut, beim Betrieb anzurufen und mein Interesse am freien Arbeitsplatz zu bekunden. Doch der rational denkende Teil meines Gehirns brachte mich dazu, Stefan vom Stelleninserat zu erzählen. Mein Liebster riss mir postwendend den Kopf aus dem sandigen Loch meiner Verweigerung. „Ruf an! Du hast nichts zu verlieren!", ertönte sein enthusiastischer Kommentar. „Du hast gut reden", dachte ich mir, „du hast schließlich nicht mit meinen Selbstzweifeln zu kämpfen!" Und genau *das* war mein Problem! Ich war voller Zweifel und Ängste, ob ich überhaupt noch kompetent genug war, die Anforderungen dieser Stellenausschreibung zu erfüllen. Wollten die mich überhaupt? Was, wenn ich nie eine passende Arbeit fände? Vielleicht war der Zug für mich in beruflicher Hinsicht abgefahren?

Diese Gedanken türmten sich zu einer riesigen Grenzmauer in mir auf. Dahinter lag unerforschtes Land und ich hatte Angst, es zu beschreiten. Fast zwei Tage lang erklärte ich mir selber mit scheinbar logischen „Andrea-Argumenten", weshalb ich nicht anzurufen bräuchte. Irgendwann gingen mir dann die Argumente aus und ich stand immer noch da mit dem Inserat in der Hand.

Ich kam dann doch noch zu der Erkenntnis, dass ich das Ungewisse, die Veränderung, nur dann aktiv mitgestalten konnte, wenn ich auch bereit war, hinzuschauen und wahrzunehmen. Es stimmt: Hinzuschauen und meine Ängste, Zweifel und Sorgen wahrzunehmen, war in dem Moment unangenehm und brauchte Mut. Wenn ich ehrlich war, dann wünschte ich mir eigentlich, dass alles so bleiben könnte, wie es war. Fünf Jahre lang lebten wir als Familie nun mit einem bewährten Rhythmus. Meine Anstellung in einem Büro mit flexiblen Arbeitszeiten erlaubte mir, dann zu arbeiten, wenn Stefan zu Hause die Kinderbetreuung übernehmen konnte. Natürlich war die Betätigung an einem Schreibtisch nicht unbedingt meine Leidenschaft. Früher hätte ich mir nie vorstellen können, dass ich jemals lernen würde, wie man eine Buchhaltung ganz genau führt. Aber diese flexiblen Bürozeiten hatten einfach ganz klare Vorteile für unser Familienleben. Tatsache war aber auch: Der Gedanke daran, bei einem Patienten mal wieder einen unappetitlichen Verbandswechsel vornehmen zu können, ließ mein

Herz höher schlagen! Anders gesagt: Ich vermisse meine Arbeit als Pflegefachfrau.

Umbruch bedeutet immer auch Aufbruch. Ich habe gemerkt, dass eine Veränderung nur Gestalt annehmen kann, wenn ich bereit bin, Schritte nach vorne zu tun und Altes hinter mir zu lassen. Kürzlich las ich in der Bibel mal wieder die Geschichte des Volkes Israels. Darin wird beschrieben, dass Josua den führenden Männern folgenden Auftrag gab:

> **Eine Veränderung kann nur Gestalt annehmen, wenn ich bereit bin, Schritte nach vorne zu tun und Altes hinter mir zu lassen.**

„Macht euch zum Aufbruch fertig! Nehmt genug Vorräte mit! In drei Tagen werdet ihr den Jordan überqueren, um das Land einzunehmen, das euch der Herr, euer Gott, geben wird" (Josua 1,10). Die Israeliten brauchten schon mal drei Tage, bis sie aufbrechen konnten, denn sie mussten sich organisieren, ihren Vorrat vorbereiten und Zelte abbrechen. Drei Tage Vorbereitungszeit mit dem Kopf im Sand zu verbringen, hätte fürs Volk Israel wohl bedeutet, dass sie nach vierzig Jahren Wüstenwanderung – kurz davor, endlich das verheißene Land zu betreten – gescheitert wären. Wie sich Josua, der neu eingesetzte Anführer, angesichts der bevorstehenden gewaltigen Veränderung fühlte, davon steht nichts in der Bibel geschrieben. Waren es Vorfreude, Mut und Hoffnung, die sein Herz erfüllten, oder waren es Angst, Furcht und Zweifel, die ihn quälten? Eines ist jedoch gewiss – Josua hatte Gottes Versprechen vor Augen:

> *„Jedes Gebiet, das ihr betretet, gehört euch. Das habe ich schon Mose versprochen. Euer Land wird von der Wüste im Süden bis zum Libanon im Norden reichen und vom Euphrat im Osten bis zum Mittelmeer im Westen; das ganze Gebiet der Hetiter*

wird euch gehören. Dein Leben lang wird niemand dir standhalten können. Denn ich bin bei dir, so wie ich bei Mose gewesen bin. Ich lasse dich nicht im Stich, nie wende ich mich von dir ab" (Josua 1,3–5).

Wie gut konnte ich mich in meiner speziellen Situation mit dem Volk Israel identifizieren. Auch ich brauchte Zeit, um mir Gedanken zu machen, was es bedeuten würde, meine „Büro-Zelte" abzubrechen und mich in neues „Arbeits-Land" aufzumachen. Was musste ich durch meinen jetzigen Job loslassen? Was musste ich bereit sein mitzunehmen, was sollte zurückbleiben?

Wie Josua und die Israeliten nahm auch ich allen Mut zusammen und das Telefon zur Hand. Dieser Anruf war der erste mutige Schritt in die Zukunft, der Aufbruch hinein in den Umbruch. Meine mögliche neue Arbeitsstelle lag noch in monatelanger Entfernung, aber sie war sichtbar, ganz vorne am Horizont. Mich frühzeitig schon mit ihr zu befassen und hinzusehen, half mir, meine Befürchtungen wahrzunehmen und mich ihnen zu stellen. Ich konnte Lösungen abwägen, Ängste aussprechen, Wünsche formulieren und eine neue Richtung einschlagen. Das alles wurde mir möglich, weil ich bereit war, hinzuschauen.

Als der Stellenantritt im Januar 2017 direkt bevorstand, konnte ich ihm in die Augen sehen und mit mutigen Schritten (man kann ja auch mit zittrigen Knien mutige Schritte machen!) das mir noch unbekannte Arbeits-Land betreten.

Josua wusste nicht bis ins Detail genau, was ihn am anderen Ufer des Jordans erwartete. Er wusste wohl, dass es da befestigte Städte gab, Krieger und Feinde; aber auch fruchtbares Land, das so groß war, dass es das ganze Volk Israel ernähren würde. Den ersten Schritt, den er mit seinem Volk tun musste, war ein

Schritt des Glaubens. Anders kann man die Überquerung eines Flusses, der Hochwasser führte und keine Brücken hatte, nicht nennen. Tausende von Menschen schritten trockenen Fußes durch das Flussbett, weil sie einen Glaubensschritt taten und Gott zu seinen Verheißungen stand (nachzulesen in Josua 3).

Gott gab Josua das Versprechen: *„Ja, ich sage es noch einmal: Sei mutig und entschlossen! Lass dich nicht einschüchtern und hab keine Angst! Denn ich, der Herr, dein Gott, stehe dir bei, wohin du auch gehst"* (Josua 1,9). Dieses Versprechen galt auch für mich! Mutige und entschlossene Schritte in mein neues Land zu tun, wurde für mich nur möglich, weil ich am Versprechen festhielt, dass Gott mir beisteht, wohin ich auch gehen werde. Immer! Bedingungslos! Egal, wohin!

Seit meinem Stellenantritt ist nun ziemlich genau ein Jahr vergangen. Die herausfordernde Veränderung verwandelte sich in vertrauten Alltag. Die Grenzen in meinem Leben wurden stark erweitert. Neue Fachkenntnis im Beruf sowie wertvolle und tolle Begegnungen mit Menschen – seien es mit Klienten oder mit meinen Arbeitskolleginnen und -kollegen – bescherten mir viele positive Erfahrungen. Aber das Kostbarste daran ist die Gewissheit, dass ich den ersten Schritt, nämlich den Telefonanruf, gewagt habe und es sich gelohnt hat!

> **Mutige und entschlossene Schritte in mein neues Land zu tun, wurde für mich nur möglich, weil ich am Versprechen festhielt, dass Gott mir beisteht, wohin ich auch gehen werde.**

Veränderungen in meinem Leben werden für mich wahrscheinlich stets eine „Grenze" bleiben und manchmal sogar für eine Krise sorgen. Da „Krise" aber auch „Wendepunkt" bedeutet und oftmals einen Umbruch einläutet, kann sogar eine Krise etwas

Gutes an sich haben. Die Frage, ob die Mauer des Unbekannten, die vor mir aufragt, real ist oder bloß ein Schatten meiner Angst, der mir weismachen will, dass er unüberwindbar ist, hilft mir zu unterscheiden zwischen natürlichen Grenzen und erweiterbaren Grenzen. Ein Schatten ist dunkel und angsteinflößend. Ich kann mich vor dem Schatten zurückziehen oder ich kann mich entscheiden, ihn im Licht auszuleuchten und ihn dadurch zum Verschwinden zu bringen. Im Hinblick auf meine Bewerbung für die neue Arbeitsstelle habe ich erlebt: Meine Befürchtungen und Ängste zu beleuchten und sie anzusehen, hat denselben Effekt wie „etwas ins rechte Licht zu rücken". Bekanntlich bedeutet ja Mut nicht die Abwesenheit von Angst, sondern mutig bin ich dann, wenn ich im Vertrauen auf Gott aufbreche und Schritte in die neue Richtung wage.

26. Tanzend an meinen Grenzen entlang

„Es gibt keinen Weg zum Frieden auf dem Weg der Sicherheit. Denn Friede muss gewagt werden, ist das eine große Wagnis und lässt sich nie und nimmer sichern. Friede ist das Gegenteil von Sicherung."
Dietrich Bonhoeffer[11]

„In Frieden mit meinen Grenzen leben" – ist das nun Illusion oder Realität? Auf meinem bisherigen Lebensweg lernte ich viele meiner Grenzen kennen. Der Umgang, den ich mit ihnen pflege, ist so vielseitig wie die Kapitel dieses Buches.

Grenzmauern, die ich mir als Kind aufgebaut hatte, lernte ich abzutragen, damit ich in neuer Freiheit mein Leben weiterführe. Im Ausland lernte ich, dass mich Umstände, die ich selber nicht mehr beeinflussen konnte, zwar bedrohten und mich aus meiner Komfortzone stießen, dass ich sie aber mit Gottes Hilfe umdeuten konnte und sie zu einer Bereicherung für mein Leben wurden. Ich durfte an all diesen Herausforderungen wachsen.

Ich erlebte aber auch Situationen, in denen ich lernte zu akzeptieren, dass gewisse Grenzen meine Identität ausmachen, sozusagen mein „Andrea-Qualitätssiegel" sind. Diese natürlichen Grenzsteine machen mein Leben nicht klein, sie machen mich vielmehr zu einer ganz einmaligen Persönlichkeit. Diese Grenzen zu bekämpfen würde bedeuten, mich selber abzulehnen. Ein Ja zu ihnen zu haben heißt, in mir zu ruhen und bei mir zu Hause zu sein. Immer, wenn mir diese Erfahrung in irgendeinem Bereich meines Lebens gelingt, dann breitet sich in mir auch der ersehnte Frieden aus.

Ich ziehe die Schlussfolgerung, dass ich nur in Frieden mit meinen Grenzen leben kann, wenn ich bereit bin, mich immer wieder an ihnen entlangzubewegen. Ich kann nicht in den geschützten Toren meiner befestigten Stadt – in meiner Komfortzone – sitzen und meinen, dass ich erstarrt innerhalb der Grenzen meines Landes in meinem Leben Frieden finde. Gott möchte von mir, dass ich aktiv werde – dass ich mein „Lebens-Land" in Besitz nehme und jeden Winkel erkunde. Er führt mich an Grenzen, zeigt sie mir und lehrt mich den Umgang mit ihnen. Ich gebe Dietrich Bonhoeffer recht: Es gibt keinen Frieden auf dem Weg der Sicherheit, Frieden ist und bleibt ein Wagnis und dieses Wagnis findet an den Linien meiner Grenzen statt.

Ich kann nur in Frieden mit meinen Grenzen leben, wenn ich bereit bin, mich immer wieder an ihnen entlangzubewegen.

Seit Jahren nehme ich einmal die Woche am Jazztanz teil. Für mich wurden diese Tanzstunden zum Sinnbild, wie ich mit Grenzen umgehe. Dazu muss ich jedoch etwas ausholen und zurück in meine Kindheit gehen. 1987 wurde die Serie „Anna" ausgestrahlt. Anna war ein Mädchen, das Ballett tanzte und dann durch einen Autounfall eine Zeit lang nicht mehr gehen konnte. Rainer, ein Junge im Rollstuhl, half ihr im wahrsten

Sinne des Wortes, wieder auf die Beine zu kommen. Er ermutigte sie, ihren Traum vom Tanzen zu verwirklichen, was ihr natürlich auch gelang. Anna tanzte sich direkt in mein schwärmerisches Mädchenherz! Ich besuchte sogar auch für kurze Zeit Ballettstunden, gab aber dieses Vorhaben leider viel zu früh wieder auf, da es im Fernsehen irgendwie einfacher und spektakulärer aussah als das Ballett in echt. Diese Sehnsucht, tanzen zu können, blieb aber bis heute in meinem Herzen erhalten. Da ist immer noch irgendwo in mir das kleine Mädchen, das gerne auch so gut tanzen würde wie Anna.

Später, in der Oberstufe, besuchte ich den Hip-Hop-Unterricht, dann beteiligte ich mich an einer Modern Dance Gruppe und „landete" schließlich beim Jazztanz. In unserem Tanzraum ist die ganze Vorderfront mit einer großen Spiegelfläche versehen. Egal, wo man sich im Raum positioniert, man sieht in diesem Riesenspiegel sich und die anderen Teilnehmerinnen tanzend, hüpfend und sich drehend. Ich kann dort nichts verstecken oder kaschieren. Jedes Kilo zu viel, das sich im Lauf der Jahre vor, während und nach den Schwangerschaften auf meinen Hüften niederließ, ist sichtbar. Ebenso reflektiert die Spiegelfront jede graziöse oder ungelenkige Bewegung.

Wenn unsere Tochter Julie zu Hause tanzt, dann tut sie es ganz selbstvergessen und voller Selbstvertrauen. Für sie gibt es so etwas wie „falsch" tanzen oder sich plump bewegen überhaupt nicht. Als sie sich mit mir zusammen den Animationsfilm *Ballerina* ansah und später ihre eigenen Pirouetten und Sprünge in Zimmer tanzte, tat sie es in ihren Augen genauso schön und gekonnt wie das Mädchen im Film.

Wenn ich hingegen meine wackelige Pirouette vor dem Spiegel drehe, wünschte ich mir manchmal, ich hätte auch noch diesen „Kinderfilter", diese ganz unschuldige und schöne Art, die Welt zu sehen. Leider lebe ich als Erwachsene viel zu sehr auf dem Boden der Tatsachen, und dort „liegt eindeutig zu wenig Glitzer", wie ich es auf einer Postkarte mal gelesen habe.

Ich mache mir nichts vor: Ich tanze mittelmäßig, daran ändert auch die Tatsache nichts, dass ich es gerne mache. Wenn ich in meiner Tanzgruppe den Blick schweifen lasse, sehe ich die Frauen, die in meinen Augen viel besser tanzen. Mit dem Vergleichen schnappt dann ganz schnell die Minderwertigkeitsfalle zu. Vor einiger Zeit spielte ich sogar mit dem Gedanken, mit den Jazztanzstunden aufzuhören. Meine Argumente waren allerdings nur fahle Entschuldigungen, um das eigentliche Problem zu kaschieren: „Ich habe zu wenig Zeit, es belastet unser Haushaltsbudget zu stark und so weiter." Ein ehrlicher, ungeschminkter Blick enthüllte mir schnell die wahren Gründe meines Vorhabens, die Tanzstunden aufzugeben. Ich konnte schlecht damit umgehen, jeden Montag dank der großen Spiegelfront Auge in Auge mit meiner Fehlerhaftigkeit zu stehen. Ich fühlte mich immer gehemmter, weil andere Frauen graziöser und sicherer tanzten. Deshalb kam mir meine Freude am Tanzen abhanden.

Leider lebe ich als Erwachsene viel zu sehr auf dem Boden der Tatsachen, und dort „liegt eindeutig zu wenig Glitzer".

Es schien mir, als stünde ich an einer Grenze. Ich erfuhr auf schmerzliche Art und Weise, dass ich mich von der Angst, was andere über mich und meine Art zu tanzen denken könnten, einschüchtern ließ. Tatsächlich wäre die einfachste und schnellste Lösung gewesen, die Tanzstunden aufzugeben. Dann hätte ich mich von diesem unbarmherzigen Spiegel der Wahrheit zurückziehen können und würde somit nicht mehr mit meiner Durchschnittlichkeit konfrontiert. Ich hätte mich von meinem Minderwert leiten lassen und wäre in meine Komfortzone zurückgekehrt. Damit sich diese Entscheidung nicht so nach Versagen anfühlte, hätte das Argument wegen des eher knappen Haushaltsbudgets als perfektes Alibi gedient – eine perfekte Ausrede eben.

Wenn ich im Spiegel der Seele meine Absichten und Ziele erkenne, ist das Ärgerliche daran, dass ich mich selber ertappe und mich dann nicht mehr einfach so unbemerkt aus dem Staub machen kann. Plötzlich musste ich Verantwortung übernehmen für meinen eventuellen Rückzug oder mein Bleiben. Was hatte ich also noch für Möglichkeiten? Ich hätte meinem Tanzstil den Kampf ansagen und verbissen versuchen können, mich zu verbessern, die Grenzen umzustoßen und zu erweitern. Dazu würde es aber mehr Ehrgeiz und Willen zum Trainieren brauchen – irgendwie erschien mir dies aber keine erstrebenswerte Lösung für mein Problem!

Ich besann mich zurück und fragte mich, warum ich denn mit dem Tanzen angefangen hatte. Die Antwort war schnell klar: weil ich mich gerne tänzerisch bewege, weil es mir Freude macht und meinem Körper guttut. Diese Überzeugung wurde fortan zu meiner inneren Leitplanke. Wenn ich wegen einer misslungenen Pirouette mutlos werden wollte oder wenn ich den Blick schweifen ließ zu einer anderen Tänzerin, die es in meinen Augen doch so viel besser konnte als ich, dann sagte ich mir einen Satz von Alfred Adler vor, den ich während meiner Beratungsausbildung gehört hatte: *„Die anderen sind nicht besser oder schlechter, sie sind anders!"* Klar tanzen einige Kursteilnehmerinnen besser als ich, aber das ändert nichts an meinem Wert; als Frauen sind wir gleichwertig – unabhängig von unseren Tanzfähigkeiten. Mit meiner Entscheidung, weiterhin am

Jazztanz teilzunehmen und somit jeden Montag erneut in den Spiegel der unverblümten Tatsachen zu schauen, erklärte ich mich bereit, mich nicht von meinem Minderwert leiten zu lassen. Manchmal gelingt es mir gut, manchmal ist es immer noch eine Herausforderung; aber die Freude am Tanzen ist zurückgekehrt und an ihr werde ich auch weiterhin festhalten.

Vielleicht wäre es für mich sicherer gewesen, wenn ich mich zurückgezogen hätte. Aber wie schrieb Bonhoeffer? Friede finde ich nie in der Sicherung, sondern nur im Wagnis, denn dort kann Versöhnung mit mir selber und mit meinen Umständen stattfinden.

Wenn ich mich bedroht fühle, dann habe ich meine ganz eigenen Sicherungsmechanismen. Sie alle haben mit Verweigerung oder Vermeidung zu tun. Wenn das Leben von mir verlangt, mich an eine in meinen Augen gefährliche Situation zu begeben, in etwas Unbekanntes, Neues, dann ist oftmals mein erster Reflex, mich hinter den Toren meiner Stadt zu verbarrikadieren. Mein Ziel ist es dann, einfach zu tun, was ich will, mich in meinem Wohlfühlklima zu baden und alles andere auszublenden. Ich staune immer wieder, wie lange ich je nach Situation in diesem Zustand des Verleugnens ausharren kann – bis dann plötzlich etwas Unglaubliches passiert: Ich verliere meinen inneren Frieden! Genau das, was ich hinter den Stadtmauern, in meiner Komfortzone zu bewahren glaube, das, was ich unter allen Umständen festhalten will, kommt mir abhanden und treibt mich vom passiven Verharren ins aktive Handeln und Wahrnehmen.

Auch eine Nation kann, so denke ich, keinen echten Frieden haben, wenn sie sich ganz in sich zurückzieht und ignoriert, was um sie herum geschieht. Sie muss wissen, wo ihre Stärken und Schwächen liegen, wo ihre anfälligen Grenzübergänge sind, welcher Nachbar ihr wohlgesinnt ist und mit welchen

Nachbarn es immer wieder delikate Verhandlungen braucht. So gesehen erscheint mir der Friede ein zerbrechlicher Balanceakt.

Und so erlebe ich es: Gott schafft meinen Grenzen Frieden – aber nur dort, wo ich auch bereit bin, hinzugehen und hinzuschauen, und nicht wie im Superheldinnen-Modus einfach darüber hinwegfliege. Frieden schließen kann ich erst, wenn ich dem, was mich bedroht und herausfordert, in die Augen schaue und die Wahrnehmung nicht verweigere. Erst wenn ich meine Ängste und Befürchtungen erkenne und mich sorgfältig mit ihnen auseinandersetze, kann mir bewusst werden, wo sich meine Grenzen entlangbewegen, welche Grenzen mein Leben schützen und welche mein Leben einengen und zerstören. Gott festigt meine Identität, wenn ich mich auf den Prozess einlasse, mich selber kennenzulernen und auch in meine tiefen Abgründe zu blicken – ich muss keine Superheldin sein! Erst wenn ich mich kenne, ein „Ja" zu mir gefunden habe und tief im Herzen glaube, dass Gott mich liebt, so wie ich jetzt bin, und nicht erst, wenn ich so bin, wie er mich haben möchte – dann kann Versöhnung geschehen und Frieden einziehen.

> **Gott schafft meinen Grenzen Frieden – aber nur dort, wo ich auch bereit bin, hinzugehen und hinzuschauen, und nicht wie im Superheldinnen-Modus einfach darüber hinwegfliege.**

In meinem Jahreskalender 2018 habe ich gelesen: *„In der Nähe Gottes zu leben, ist die Wurzel allen Friedens."*[12] Das ist auch für mich der Schlüssel, wie ich mich mit meinen Grenzen versöhnen und sie akzeptieren kann. Im Psalm 147 steht in Vers 11: *„Der Herr freut sich über alle, die ihm in Ehrfurcht begegnen und von seiner Gnade alles erwarten."* Aus dieser Gesinnung heraus, sozusagen als Konsequenz dieser inneren Haltung, kommt dann das Versprechen Gottes, dass er Jerusalems Tore sicher verriegelt, die Kinder segnet, reichlich Weizen schenkt und eben Israels Grenzen Frieden schafft (vgl. Psalm 147,12–14).

Was heißt das für mich? Ich muss weder meine Grenzen aus eigener Kraft sichern, noch muss ich ständig wie eine Superheldin einen Kampf gegen meine Feinde führen. Während für eine Superheldin nichts unmöglich ist, treffe ich immer wieder auf „Unmöglichkeiten" in meinem Leben. Ich bin ganz Mensch – begrenzt in meiner Kraft, meinen Möglichkeiten und meiner Lebensspanne. Und trotzdem kann ich mit meinem Gott auch immer wieder Mauern überspringen und mein Land erweitern, denn er ist der wahre Held in der Geschichte meines Lebens – *ihm* ist nichts unmöglich!

Gott wünscht sich nur eines von mir: dass ich ihn ehre und alles von seiner Gnade erwarte. Mit dieser Einstellung bewege ich mich angstfrei an meinen Grenzen entlang, schreite ich getrost in unbekanntes Neuland und vertraue ich darauf, dass Gott mich durch seine Gnade befähigen wird, die neuen Grenzen auszukundschaften. Ein großes Wagnis, ja, ein spannendes Abenteuer, aber nie allein, sondern immer mit meinem Gott, tanzend an meinen Grenzen entlang – auf dem Weg zu echtem Frieden!

Danke

Ich lese immer gerne die Dankesseite eines Buches. Denn durch den „Dank" des Autors oder der Autorin eröffnen sich mir kleine Fenster in deren persönliches Leben. Hier sind meine Fenster und ein kleiner Blick auf die Leute, die mit meinem Leben und diesem Buch verknüpft sind:

Siim (Stefan) – du hast nicht eine Minute an mir gezweifelt und mir stets den Rücken freigehalten. Ohne dich hätte ich es nicht geschafft! Schreiben ist nicht dein Ding, aber mich fürs Schreiben freizusetzen, das ist voll dein Ding! Danke für dein „Ja" zu mir und meinen Grenzen und danke, dass du mich immer wieder herausforderst, neues Land zu erkunden! Du bist mein ganz persönlicher Superheld!

Müsu, Spatz und Pufi – danke, dass ihr eure Mama liebt, so wie sie ist! Ihr habt mir mit eurer Art, die Welt zu sehen, schon manche Lebensweisheit aufgezeigt. Ihr seid die Besten!

Hanny – du warst vom ersten Wort bis zum letzten Satz an meiner Seite, davon konnten dich auch zehntausend Kilometer Distanz nicht abhalten! Der E-Mail-Verkehr zwischen der Schweiz und Peru lief heiß in den letzten Monaten, und dass das Buch so wurde, wie es ist, hat ganz viel mit dir und deinen Impulsen zu tun!

Bernhard – danke auch dir; du warst der „stille" Mitleser im Hintergrund und hast mich mit deinen kurzen Feedbacks immer wieder ermutigt.

Großmami – ich hoffe so fest, dass du mein Buch noch in den Händen halten wirst! Durch dich kam die zündende Idee für das Thema und ich werde mein Leben lang an dich denken, wenn ich das Buch zur Hand nehme! Ich glaube fest daran, dass du dank deines jahrelangen treuen Gebets für die Familie Wenk den Weg für ganz viel Segen geebnet hast. So hast du schon so manche hindernde Grenze weggebetet und Gottes Frieden in Situationen hineingesprochen!

Mueti und Vati – ihr habt mich Grenzen gelehrt und mich dadurch mitgeformt, hin zu der Person, die ich heute bin. Danke, dass ihr mich habt ziehen lassen, als ich bereit war, die Welt mit eigenen Füßen zu erkunden. Ihr habt mich stark und selbstständig werden lassen!

Steffi, Helene, Katja, Margret und Sara – gemeinsam haben wir so manches unbekannte Land erforscht, sei es zusammen reisen, wohnen, lernen, arbeiten, lachen, weinen! Mit euch zusammen habe ich die besten Abenteuer erlebt. Ihr seid sie für mich: best friends forever!

Sara und Christoph – Mann, bin ich froh, dass ich bei euch ins „Schreibexil" kommen konnte! Fünf Tage absolute Ruhe, verwöhnt und bekocht von euch – das tat mir und meinem Schreibfluss gut!

Manny und die Huddle-Frauen – ihr habt immer wieder nachgefragt, wart interessiert und habt euch mit mir zusammen gefreut über das große Abenteuer „Buch schreiben". Danke, dass ihr mir auch zugehört habt, wenn ich gejammert habe, und nie daran gezweifelt habt, dass ich es schaffen kann.

Dem **Neukirchener Verlag** – danke, **Frau Atkinson**, dass Sie und Ihr Team das Potenzial in meinem Blog sahen. Sie haben einen Traum von mir Realität werden lassen! Danke auch an **Nadine Weihe** für das Lektorat und dass ich mit allen Fragen auf offene Ohren stieß.

Anmerkungen

1 Eugen Eckert: Weite Räume meinen Füßen; in: Ein Segen sein. Hrsg. v. Patrick Dehm. Limburg: Dehm Verlag 2011 © Strube Verlag, München.

2 Ebd.

3 Anselm Grün / Ramona Robben: Grenzen setzen – Grenzen achten © 2015 Verlag Herder GmbH, Freiburg im Breisgau, S. 8.

4 John Ortberg: Jeder ist normal, bis du ihn kennenlernst. Gerth Medien, Asslar 2004 (Zitat von Jean Vanier „Communitiy and Growth" S. 26).

5 Marianne und Erik Blumenthal: Die Kunst der Ermutigung. Befreiung der besten Qualitäten in sich und anderen. 2. Aufl. © Horizonte Verlag, Stuttgart, 1998, S.29.

6 Bianka Bleier, JahresZeiten © 2011 SCM Verlagsgruppe, Witten/Holzgerlingen.

7 Dietrich Bonhoeffer: London 1933–1935. DBW, Band 13. Chr. Kaiser Verlag, München, S. 517.

8 Ebd., S. 517.

9   Anselm Grün / Ramona Robben: Grenzen setzen – Grenzen achten © 2015 Verlag Herder GmbH, Freiburg im Breisgau, S. 8.

10 Heike Malisic / Beate Nordstrand: Lebe Leichter. © 2011 SCM Verlagsgruppe, Witten/Holzgerlingen.

11 Dietrich Bonhoeffer: London 1933–1935. DBW, Band 13. Chr. Kaiser Verlag, München, S. 300.

12 Zitat von Brennan Manning in: Bianka Bleier: Mein Jahr 2018. © 2017 SCM Verlagsgruppe, Witten/Holzgerlingen.

Wir haben uns bemüht, alle Rechteinhaber ausfindig zu machen und zutreffend zu benennen. Wir bitten um Kontaktaufnahme zur Neukirchener Verlagsgesellschaft, sollten Rechte nicht oder nicht zureichend angegeben sein.